Walter Kowalczyk/Klaus Ottich

Mit Schülern zusammenarbeiten

Klassen professionell führen

Dr. Walter Kowalczyk ist Leitender Schulpsychologe in der Landesschulbehörde in Hannover.
Klaus Ottich ist Oberstudienrat und arbeitet als Lehrer für Deutsch und Geschichte an einem Gymnasium.
Beide Autoren haben bereits eine Reihe von Büchern zum Themenbereich Lernen und Erziehung veröffentlicht.

Walter Kowalczyk / Klaus Ottich

Mit Schülern zusammenarbeiten

Klassen professionell führen

Cornelsen
SCRIPTOR

Die in diesem Werk angegebenen Internetadressen haben wir überprüft (Redaktionsschluss Mai 2009). Dennoch können wir nicht ausschließen, dass unter einer solchen Adresse inzwischen ein ganz anderer Inhalt angeboten wird.

www.cornelsen.de

Bibliografische Information: Die Deutsche Bibliothek verzeichnet diese Publikation in der Deutschen Nationalbibliografie; detaillierte bibliografische Daten sind im Internet über http://dnb.ddb.de abrufbar.

Dieser Band folgt den Regeln der deutschen Rechtschreibung, die seit August 2006 gelten.

5. 4. 3. 2. 1. Die letzten Ziffern bezeichnen
13 12 11 10 09 Zahl und Jahr der Auflage.

Projektleitung: Gabriele Teubner-Nicolai, Berlin
Redaktion: Doreen Wilke, Berlin
Herstellung: Brigitte Bredow, Berlin
Umschlagkonzept: Bauer + Möhring, Berlin
Umschlaggestaltung: Torsten Lemme, Berlin,
unter Verwendung einer Zeichnung von Klaus Puth, Mühlheim
Zeichnungen: Hans-Jürgen Feldhaus, Münster
Satz und Layout: Julia Walch, Bad Soden
Druck und Bindearbeiten: fgb · freiburger graphische betriebe
Printed in Germany
ISBN 978-3-589-22982-6

Gedruckt auf säurefreiem Papier,
umweltschonend hergestellt aus chlorfrei gebleichten Faserstoffen.

Inhalt

Vorwort

Vom Umgang mit einem zeitlosen Phänomen

„Sind unsere Schulen überfordert, weil sie immer mehr Erziehungspflichten übernehmen müssen? Der Erziehungsauftrag der Schule ist längst nicht mehr eindeutig, die Ansprüche der Eltern wandeln sich. Was soll und was kann Schule eigentlich leisten?“[1]

Der Stellvertretende Schulleiter des Gymnasiums Horn-Bad Meinberg, Dr. Peter Pahmeyer, hat in seinem Aufsatz „Schule auf dem Prüfstand“ die folgenden Überlegungen formuliert:

„Aus der Erinnerung an lange existierende ministerielle Richtlinien und Erlasse hat sich in den letzten Jahren die Erkenntnis immer stärker durchgesetzt, Schule müsse, ihrem erklärten Auftrag gemäß, gleichermaßen Bildung und Erziehung gewährleisten. Erziehungsvereinbarungen und -verträge, Programme zur verantwortlichen Mediennutzung, Gesundheitserziehung und Lebensplanung, Initiativen für Zivilcourage, Streitschlichter- und Buddy-Projekte, suchtpräventive Maßnahmen, Selbstbehauptungskurse für Mädchen sowie die überfällige Entdeckung von spezifischen Jungen-Bedürfnissen sind ausgewählte Nachweise für ein Engagement mit der Zielsetzung, dass Schulen selbst vielerorts die Rahmenbedingungen für ein sozial ausgewogenes, glückliches, gesundes und neugieriges Lernen von Mädchen und Jungen in einer nicht beschämenden Atmosphäre verbessern wollen.“

Wie lässt sich erreichen, dass die Qualität von Bildungs- und Erziehungsarbeit in unseren Schulen über punktuelle Aktivitäten hinaus nachhaltig verbessert werden kann? Unser Buch möchte Antworten auf diese Frage geben.

1 „Schule, bitte übernehmen!“ ARD-Themenwoche vom 14. bis 21. April 2007

1 Erwerb der Sozialkompetenz: In der „eigenen Klasse“

„Nirgendwo anders treffen so viele Gleichaltrige aufeinander wie in der Schule; die Wahrscheinlichkeit, Freunde zu finden, ist groß. Die Hälfte aller Kinderfreundschaften werden tatsächlich dort geknüpft – die Schule ist eine bedeutende Kontaktbörse.“[2]

Worum es in diesem Kapitel geht: Der Lernerfolg einer Klasse hängt ganz wesentlich davon ab, wie die Mädchen und Jungen miteinander umgehen. Stellt der Lehrer hier Defizite fest, sollte er zunächst die Grundlagen für gelingende Lernprozesse schaffen: die sozialen Kompetenzen seiner Schülerinnen und Schüler stärken und weiterentwickeln.

2 de Boer, H.: Soziale Kompetenz, Gleichaltrigenbeziehungen und Verantwortung. In: Grundschule aktuell, Nr. 101, 2/2008, S. 3

Wenn Lehrkräfte die elementaren Bedürfnisse der Schülerinnen und Schüler nach Gemeinschaft, nach einer guten Arbeitsatmosphäre und einer intakten Gemeinschaft, nach einem fairen Umgang miteinander in ihre Unterrichtsgestaltung einbeziehen, sind die Voraussetzungen dafür erfüllt, dass effektiv und individuell befriedigend gelernt werden kann.

Die Förderung sozialer Kompetenzen in der Klasse geht alle an, die am Unterrichts- und Lernprozess beteiligt sind. Und diese Zielsetzung gehört – als Ergänzung zu den „Sachthemen" – zwingend zu den Aufgaben, die in der Schule gemeinsam zu lösen sind.

Denn grundsätzlich gilt: Für viele Schülerinnen und Schüler ist ihr Ort des Lernens auch, und nicht selten vor allem, eine attraktive Kontaktbörse. Dort trifft man seine Freunde, dort schließt man Freundschaften. Nicht verwunderlich also, dass die Hälfte aller Kinder und Jugendlichen auch den Pausenhof nennt, wenn es um den Lieblingsort in der Schule geht (vgl. de Boer 2007), und dass Kinder mit intensiven Sozialerfahrungen in vielen Entwicklungsdimensionen einen markanten Vorsprung gegenüber Kindern aufweisen, die deutlich weniger Erfahrungen dieser Art machen konnten.

Sozialkompetenz erwerben heißt eben auch: Anerkennung bei den Gleichaltrigen finden, Freunde gewinnen, ein soziales Netz aufbauen.

Dieser „soziale Ereignischarakter", den der Schulalltag hat, wird ebenfalls offenbar, wenn sich im Unterricht befreundete Mädchen und Jungen spontan zu einer Arbeitsgruppe zusammenschließen, um einen bestimmten Aspekt eines Themas zu bearbeiten.

Aus der Perspektive „Selbsterleben der Schülerinnen und Schüler" rückt dann die soziale Komponente stärker in den Blickpunkt und macht sichtbar, dass mit den Lernprozessen (und deren positiven wie negativen Begleiterscheinungen) auch der Faktor Mitschüler-Dasein verbunden sein kann.

Andererseits gilt aber ebenfalls: Die Kehrseite der genannten Gruppenbildung besteht in jenen Ausgrenzungsimpulsen, die häufig mit ihr einhergehen. „Der Jens soll nicht in unsere Gruppe kommen, der passt nicht zu uns!"

Kümmert sich der Lehrer nicht weiter um die soziale Komponente, kann diese Kehrseite der freundschaftlichen Beziehungen die Arbeits- und Lernprozesse erheblich beeinträchtigen. Die Entwicklung und Festigung sozialer Kompetenzen gelingt nur, wenn die am Schulleben Beteiligten dies als ihre gemeinsame Aufgabe betrachten. Hinzu kommt noch der Aspekt, dass soziale Kompetenz nicht als Ausstattung einzelner Personen verstanden wird, sondern aus gemeinsam entwickelten Wertvorstellungen und gemeinsam getroffenen Zielvereinbarungen hervorgeht. Sie ist eben nicht die Fähigkeit eines Individuums, sondern das Produkt gemeinsam konstruierter Bedeutungen und gemeinschaftlicher Entscheidungen. Die „Belohnung" liegt dann in der vom gegenseitigen Respekt getragenen freundlichen Klassenatmosphäre.

Der Gemeinschaft und dem Gespräch in der Gemeinschaft kommt also nach diesen Überlegungen eine überragende Bedeutung zu. Aber: Dass Schülerinnen und Schüler in der Klasse miteinander sprechen, einander ausreden lassen und zuhören, ist keine „Begabung“, sondern ein Lernprozess, der angeregt und gesteuert werden kann. Damit er gelingt, ist die Lehrerin, der Lehrer herausgefordert,

- eine positive Gesprächsatmosphäre in der Klasse aufzubauen,
- die Kompetenzen der Mädchen und Jungen zu erkennen und ins Spiel zu bringen,
- das eigene Rede- und Steuerungsbedürfnis zu reflektieren.

Die Lehrenden sind hier mehrfach gefragt: als Vorbilder, als Garanten unverzichtbarer Ordnungen und Strukturen, als verlässliche, „berechenbare“ Partner im Arbeits- und Lernprozess.

Damit die Mädchen und Jungen miteinander kooperieren, sich absprechen und die Einzelheiten gemeinsam aushandeln können, sind Vorarbeiten nötig:

- die individuellen Verantwortungen klären,
- „positive Abhängigkeiten“ schaffen,
- direktes Aushandeln („face-to-face“) ermöglichen.

Am Ende des Arbeitsprozesses sollten die Ergebnisse gemeinsam reflektiert werden.

Diese Punkte verdeutlichen den Zusammenhang der Faktoren „Struktur“, „Vertrauen“ und „Prozess“. Besonders in der Anfangsphase der Zusammenarbeit in der Klasse und mit der Klasse sind transparente und feste Strukturen wichtig, um Sicherheit zu vermitteln und Vertrauen aufzubauen: Zuversicht in den kameradschaftlichen Umgang miteinander innerhalb des Klassenverbandes und in die faire, partnerschaftliche Haltung der Lehrkraft.

Ziehen wir die Summe aus dem Gesagten: Soziale Kompetenzen in der Schule zu befördern heißt, Kinder als eigenständige Subjekte zu respektieren, die Bedeutung positiver Gleichaltrigenbeziehungen für die Entwicklung sozialer Kompetenzen anzuerkennen und Räume für Gleichaltrigenbeziehungen zur Verfügung zu stellen. Offene Unterrichtsphasen, Gruppen-, Projektarbeit und Freie Arbeit bieten hier wichtige Gelegenheiten für Schülerinnen und Schüler, innerhalb des Unterrichts Kontakte aufzunehmen und sich im Miteinander zu erproben. Die Förderung sozialer Kompetenzen in der Klasse wird damit zu einem gemeinsamen Entwicklungsweg aller Beteiligten und ist mit Noten nicht zu erfassen.

Ein gelungener Prozess zeigt sich in der konstruktiven Kommunikation im Klassenzimmer, an der Fähigkeit, miteinander zu arbeiten, Konflikte zu lösen, Einzel- und Gemeinschaftsinteressen miteinander auszutauschen und abzuwägen, Grenzen Einzelner anzuerkennen und damit Beschämungen zu verhindern. Kinder, die sich von ihren Klassenkameraden und von den Lehrenden respektiert fühlen, können Vertrauen in die eigenen Fähigkeiten und in das faire Verhalten der anderen entwickeln und lernen, aufgeschlossen auf Menschen und Themen zuzugehen: eine wichtige Voraussetzung für die Sozialisierung und das Lernen überhaupt.

2 Erziehung: Zwischen Prävention und Intervention

„Eine Unze Vorbeugung ist mehr wert als ein Pfund Behandlung.“
(Irisches Sprichwort)

Worum es in diesem Kapitel geht: Zur Prävention gehört es, in ruhigen Zeiten vorzusorgen, Zuständigkeiten zu klären, Maßnahmen abzusprechen, Vereinbarungen zu fixieren – und diese Punkte von Zeit zu Zeit auf ihre (weitere) Gültigkeit hin zu überprüfen.

Ist in einer akuten Problemsituation eine Intervention angezeigt, sollte die Lehrkraft besonnen und zielführend reagieren: sich die Ebenen (Ansatzpunkte) des Einschreitens vergegenwärtigen und eine problemorientierte, angemessene Vorgehensweise festlegen.

Die Rezepte dieses Buches verstehen wir im Sinne von JOCHEN und MONIKA GRELL als Antworten auf die Frage, wie etwas gemacht werden kann, nicht aber als Gesetze, denen jeder gehorchen muss. Orientiert sind die Hinweise und Vorschläge an zwei verschiedenen Zielsetzungen: Prävention und Intervention. Das Konzept legt nahe, nicht nur auf Störungen zu reagieren, sondern Vorkehrungen zu treffen, um ihnen vorzubeugen. Denn sind erst einmal die Emotionen geweckt, fällt die Verständigung umso schwerer. Innerhalb der Ebenen kann man unterscheiden zwischen

- **umfeldbezogenen Maßnahmen;** darunter sind Versuche zu verstehen, durch Minimieren von Gefährdungspotenzialen und durch Maximieren von Unterstützungspotenzialen im Umfeld der Schüler deren Entwicklung eher indirekt zu beeinflussen;
- **personenbezogenen Maßnahmen;** das sind individuell adressierte und angepasste Programme zur Kompetenzerweiterung, zur Stärkung der Widerstandskräfte und des Selbstwertgefühls oder zum Abbau entwicklungshemmender Lernrückstände.

Dieses Konzept, das Problem gleichsam von zwei Seiten anzugehen, lässt sich darstellen als eine **Ypsilon-Struktur** pädagogisch-therapeutischer Prävention und Intervention.

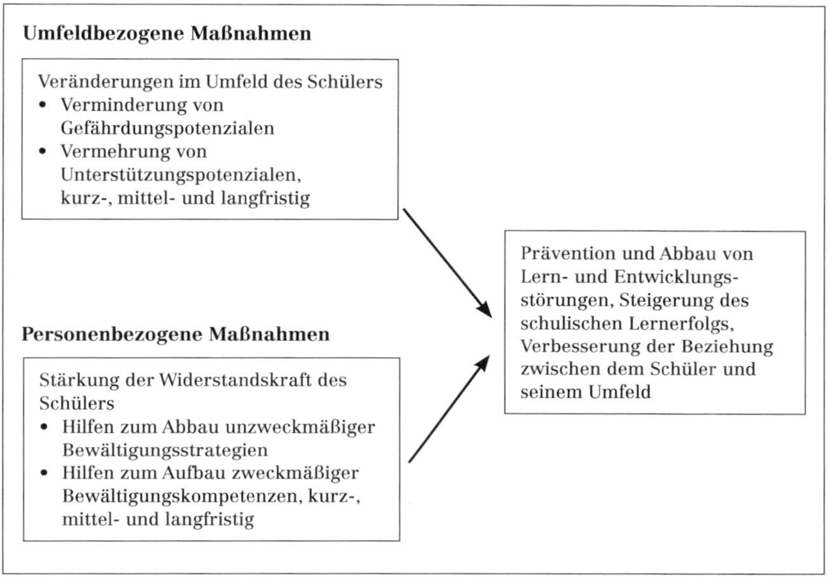

Ypsilon-Struktur pädagogisch-therapeutischer Prävention und Intervention

Im Umfeld des Schülers sollen möglichst viele lernförderliche Bedingungen geschaffen und möglichst viele Belastungsmomente reduziert werden. Die Kompetenz des Schülers ist zu erweitern, seine Persönlichkeit zu stärken. Lernbehindernde Kreisprozesse werden unterbrochen, entwicklungshemmende Dynamiken angehalten und entwicklungsförderliche Kräfte etabliert.

Unter primärer Prävention ist alles zu verstehen, was eine gute Schule ausmacht, einschließlich Binnen- und Niveaudifferenzierung, einem Unterricht, der sowohl bedarfs- als auch bedürfnisorientiert ist, emotionaler Unterstützung der Lernenden, einem freundlichen Ambiente und einer gelungenen Kooperation der Schule mit Partnern in der Region. Die bisherigen Erfahrungen mit solchen Bündnissen sind außerordentlich ermutigend.

Diese Auflistung schärft den Blick dafür, nicht erst bei Problemen oder in Krisenzeiten zu reagieren, sondern Kraft und Energie darauf zu verwenden, Problemen vorzubeugen.

Die Ebenen des Handelns

In der Schule gibt es verschiedene Ansatzpunkte, um Ziele zu erreichen. Oft entsteht ein Streit darüber, wo angesetzt werden soll, etwa bei einem Verhaltenstraining für Schüler oder bei einer Veränderung des Systems Schule.

Ein Schülertraining erhält das gegenwärtige, weithin kritisierte System Schule am Leben und stützt es sogar. Die Verbesserung des Schulklimas, der gute Unterricht, der gute Lehrervortrag – all das sind wichtige Faktoren, die dazu beitragen, den Schülern wieder Freude am Unterricht zu geben. Darüber hinaus geht es aber auch um die Weiterentwicklung des schulischen Lernens im Grundsätzlichen, damit Schüler wieder motivierter mitarbeiten. Also ist es nötig, zwei Spuren gleichzeitig zu verfolgen. Zum einen müssen Schüler individuell gestützt und gefördert werden, zum anderen darf die Bereitschaft nicht nachlassen, engagiert auf die „gute Schule" hinzuarbeiten, die von Schülern wie Lehrern als ihr Lern- und Lebensraum wahrgenommen wird. Bei begrenztem Zeit- und Kraftbudget wird man zunächst in einem Bereich starten. Und dann gilt es, das Prinzip „Entweder – oder" zu überwinden und beide Aspekte im Blick zu behalten.

Es geht also zugleich um

- die einzelne Schülerin, den einzelnen Schüler,
- die Klassengemeinschaft,
- die Institution Schule,
- die Eltern.

3 Der feste Rahmen: Präventive Maßnahmen

„Unter ‚Prävention' versteht man vorbeugende Maßnahmen mit dem Ziel, allen Schülerinnen und Schülern günstige Lern- und Arbeitsbedingungen zu ermöglichen."[3]

Worum es in diesem Kapitel geht: Gerade die Details sind wichtig, wenn man die Rahmenbedingungen für störungsarme, atmosphärisch förderliche Lernsituationen schaffen möchte. Hierzu gehört zum Beispiel, zeitgemäße Prinzipien der Erziehung zu beachten, Gespräche kompetent einzurichten, die Klassengemeinschaft zu fördern, Regeln durchzusetzen, einen Klassenrat zu etablieren und Rückmeldungen einzuholen.

3.1 Prinzipien der Erziehung und die Grundhaltung des Lehrers

Bitte lassen Sie sich von der Fülle der Aspekte nicht abschrecken. Lesen Sie zunächst die aufgeführten Punkte, wählen Sie dann zwei oder drei Vorschläge aus und prüfen Sie deren Brauchbarkeit in einem Praxistest.

Das Kind ermutigen

Die Ermutigung des Kindes von der Kleinkindphase an ist eine Grundlage dafür, dass sich Selbstständigkeit Schritt um Schritt entwickeln kann. Sie entsteht aus unserem Glauben und Vertrauen dem Kind gegenüber, und zwar so, wie es gegenwärtig ist. Wenn wir so auf Stärke bauen, statt Schwächen hervorzuheben, können auch Fehler als das genommen werden, was sie nun einmal sind: Warntafeln am Weg des Lernens, Orientierungshilfen beim Bemühen, über Verbesserungen zur Lösung zu finden. Das Prinzip „Ermutigung" findet

3 Kowalczyk, W./Ottich, K. (2004): Erziehen: Handlungsrezepte für den Schulalltag in der Sekundarstufe. Grundlagenband. Berlin: Cornelsen Scriptor, S. 58

sich beispielsweise in dem im Internet veröffentlichten Schulprogramm des Friedrich König Gymnasiums Würzburg wieder, das ausdrücklich als Wunschbild formuliert und damit als Versuch zu verstehen ist, sich permanent einem Ideal anzunähern.[4]

Das Kind achten

Ein Mangel an Achtung liegt vor, wenn das Kind gedemütigt wird, sodass es die Zuversicht in den eigenen Wert und die eigene Leistungsfähigkeit verliert. Ein Kind achten heißt: es als gleichwertigen Mitmenschen ansehen, der das Recht hat, eigene Entscheidungen zu treffen, und von ihm weder zu viel noch zu wenig fordern. Und dies alles im Zusammenhang mit der Rolle, die es in der Familie wie in der Schule zu übernehmen hat. Auf den Unterricht bezogen hieße das, alternative Verfahren und Lösungen zu akzeptieren. Demütigungen, Geringschätzung und sachlich-cooles Desinteresse dürfen an unseren Schulen nicht mehr als Normalfall angesehen werden.

Die Bedeutung der Ordnung vermitteln und die Rechte anderer herausstellen

Das Kind ist darauf angewiesen, auf jedem Gebiet, auf dem Ordnung herrschen muss, durch Erfahrung zu lernen – und diese Möglichkeit müssen ihm die Erwachsenen auch anbieten. Es geht erneut um gegenseitige Achtung. Die Achtung vor den Kindern verbietet es den Erwachsenen, ihnen ihre Auffassung von Ordnung aufzuzwingen. Achtung vor sich selbst bewahrt sie davor, den Kindern nachzugeben. Wie aber bringen sie den Mädchen und Jungen bei, Ordnung zu halten? Indem sie ihnen Schritt um Schritt dabei helfen, eine vernünftige Zeitplanung vorzunehmen und einen sorgsamen Umgang mit den Materialien kontinuierlich einzuüben.

Auf blockierende Kritik verzichten, Fehler verkleinern

Wenn wir unentwegt darauf aus sind, das Fehlerhafte herauszufinden, die Mängel anzusprechen, richten wir – wenn auch ungewollt – die Aufmerksamkeit auf das Negative. Unser Tadeln und Ermahnen wird an den Zuständen aber wenig ändern: Nicht Veränderung zum Besseren dürfte das Ergebnis sein, sondern Widerstand, Bockigkeit und Lustlosigkeit. Wichtiger als Fehler herauszufinden und anzuprangern ist die Hilfestellung bei dem Nachspüren, an welcher Stelle – und warum – der Schüler vom rechten Weg zur Lösung abgekommen ist. Fehlen Kenntnisse? Liegt im Irrtum, im „Falschen“ ein verborgener Sinn? Gibt es ein ebenfalls verdecktes Ziel und einen dazu passenden Zweck?

4 http://www.fkg-wuerzburg.de (Button „Verschiedenes“, Punkt „Wunschbild des Friedrich-König-Gymnasiums.pdf“, S. 7)

Gelingt es uns auf diese Weise, den „Fehler“ kleiner zu machen, das Verständnis des Schülers von seinem Handeln im Gegenzug zu vertiefen, kann er sich ermutigt fühlen, die tatsächlich vorhandenen sachlichen Schwierigkeiten zu beheben.

Sich nicht auf einen Machtkampf einlassen

Kämpfe um die Überlegenheit können Eltern wie Lehrer rasch an den Rand der Verzweiflung bringen. In einer demokratischen Gesellschaft wollen die Kinder weder beherrscht noch gezwungen werden. Alle Versuche, sie zu unterdrücken, sind sinnlos. Kinder sind bei einem Kampf um Macht viel geschickter als wir. Auch alle Tricks in den Erziehungsratgebern und pädagogischen Lehrbüchern können das Kind nicht zur Mitarbeit zwingen, es muss gewonnen, das richtige Verhalten muss angeregt werden. Das Wichtigste für die Erwachsenen ist, fest zu sein – und zwar in dem, was sie tun werden, und nicht in dem, wozu sie das Kind bringen wollen. Dessen Bereitschaft hervorzurufen, gelingt am ehesten, wenn Erfindungskraft, Takt und Humor dafür sorgen, dass der Teufelskreis aus Forderung und Bockigkeit gar nicht erst entsteht.

Handeln, nicht reden

Kinder lernen sehr rasch, aber nicht immer das, was die Erwachsenen wollen. Man muss ihnen nur einmal sagen, was unrichtig ist. Jedes weitere Reden lehrt sie nur, dass man das Unrichtige ruhig fortsetzen kann, obwohl es nicht getan werden soll.

In einer Konfliktsituation ist das Kind nicht bereit zuzuhören. Was auch zu ihm gesagt wird, ist nur Munition für seine eigenen Erwiderungen. Sogar wenn das Kind keine Antwort gibt, ist es rebellisch und beweist dies durch sein Benehmen. Also muss Schluss sein mit den (immer gleichen) Worten. Der erste Schritt zu einem effektiveren Verhalten besteht darin, den Mund zu halten und nichts zu tun. Dies bringt die nötige Distanz, aus der heraus wirksames Handeln entsteht. Nutzen Sie bei Bedarf professionelle Unterstützung. Adressen finden Sie im Internet, z.B. www.dajeb.de/suchmask.htm, www.bke.de/ratsuchende.htm oder www.elternhandbuch-online.de.

Den Mut zum „Nein“ haben

Ein Gleichgewicht zwischen Gefälligsein und Neinsagen braucht sorgfältige Überlegung. Wenn die Eltern, die Lehrkräfte aus ihrer Verantwortung heraus „nein“ sagen, lernt das Kind, dass es auch einmal zurückstecken, Beschränkungen hinnehmen und Enttäuschungen ertragen muss. Im anderen Fall – das Kind kann, sooft es ihm in den Sinn kommt, den eigenen Willen durchsetzen und auf individuellen Wünschen beharren – ist Verwöhnung das Ergebnis, verbunden mit Selbstsucht und der Unfähigkeit zur sachbezogenen Kooperation mit anderen. Trainieren Sie Ärger-Bewältigung (durchatmen, leise bis zehn zählen, Auszeit nehmen).

Vor der eigenen Tür kehren

Wir sollten nicht vor fremden Türen kehren. Es ist Sache des Musiklehrers, das Kind zum Üben zu motivieren – und Sache der Fachlehrer generell, darauf zu achten, dass die Hausaufgaben gemacht werden. Die gemeinsame Abstimmung des häuslichen Zeitplans, in den auch die Erledigung der Aufgaben gehört, ist dagegen sehr wohl Teil der elterlichen Verpflichtung. Lassen sich Eltern als Hilfslehrer einspannen, werden sie Druck auf das Kind ausüben und ihm zeigen wollen, dass es lernen muss. Unter diesen Umständen führt elterlicher Zwang lediglich zu einem Machtkampf – den die Erwachsenen kaum gewinnen können.

Sparsam und vernünftig fordern

Wenn wir von einem Kind etwas wollen, müssen wir uns in seine Situation und seine Fähigkeiten einfühlen. Wir sollten es nie um etwas bitten, was wir selbst nicht gern tun. Kinder brauchen genügend Zeit zum Spielen und Pausen zwischen den Lernphasen; sie sollten aber auch gewisse Pflichten übernehmen und zum „Funktionieren“ der Gemeinschaft beitragen. Die Ausarbeitung eines Programms, das beiden Seiten gerecht wird, stellt sich als gemeinsame Aufgabe dar. Und außerdem: Wenn wir unsere Forderungen weniger häufig geltend machen und die Hilfe, die Mitarbeit des Kindes erbitten, statt ihm zu befehlen oder Gehorsam zu verlangen, fördern wir die Freundlichkeit des Umgangs und verbessern unser Verhältnis zueinander. Nehmen Sie hin und wieder eine „Auszeit“ von Ihrem Kind; organisieren Sie eine zuverlässige Betreuung.

Konsequent sein

Kinder lernen aus Erfahrungen, nicht aus unseren Predigten. Wenn wir nur reden (fordern) und nicht darauf achten, dass das Gewünschte auch getan wird, vermitteln wir eine ungewollte Botschaft: Man kann Forderungen schlicht überhören (missachten). Ist einmal eine gut überlegte und zumutbare Forderung aufgestellt, muss auf der Erfüllung bestanden werden. Konsequenz ist Teil der Ordnung und hilft, Grenzen zu ziehen. Beschränkungen aber geben dem Kind ein Gefühl der Sicherheit. Wir können nicht erwarten, dass unsere Erziehungsmethoden wirksam sind, wenn wir sie nicht konsequent anwenden. Und wiederholtes Reden ist eben noch kein Handeln, wie die Wirkungslosigkeit eines gängigen Vorwurfs beweist: „Ich habe dir doch hundert Mal gesagt, …“ Denn nach Paul Watzlawick bewirkt die Methode „Mehr desselben“ lediglich eine Abstumpfung, keineswegs aber eine Verhaltensänderung.

Kein Theater um „schlechte Angewohnheiten“ aufführen

Je mehr Aufhebens wir von „schlechten“ Angewohnheiten machen, desto störender werden sie. Unser erster Schritt bei der Handhabung dieses Problems ist also, ihnen weniger Wichtigkeit beizumessen. Kinder, die „schlechte“ Gewohnheiten zur Schau tragen, brauchen Hilfe und Verständnis. Die Angewohnheit ist ein Symptom. Durch Bekämpfung von Symptomen können wir jedoch nichts erreichen. Entdeckt das Kind, dass ein bestimmtes Verhalten die Eltern oder Lehrer noch mehr als üblich aufregt, hat es eine starke Waffe für die Auseinandersetzungen zur Verfügung. Auch hier nehmen wir ihm den Wind aus den Segeln, wenn wir uns nicht beeindrucken lassen.

Gemeinsam Vergnügliches erleben

Bedauerlicherweise sind heute viele Familien so aufgeteilt, dass die Kinder ihr Vergnügen getrennt von den Eltern erleben. Dies beruht teilweise auf den kulturellen Wandlungen, die Kinder gegen Eltern ausspielen, teilweise auch auf unserem Mangel an Geschick, demokratisch zusammenzuleben. Die Eltern sind so sehr darauf bedacht, ihren Kindern das Beste zu geben, dass diese machen dürfen, was sie wollen. Weil aber gemeinsames Vergnügen Menschen einander näherbringt, sollten Eltern und Lehrkräfte darum bemüht sein, Themen zu entdecken und Aktionen ins Auge zu fassen, die zu einer Angelegenheit der ganzen Familie und der ganzen Klasse gemacht werden können. Durch Spiel und Spaß entwickelt sich ein Zusammengehörigkeitsgefühl. Dieses führt zu einer sozialen Gleichwertigkeit, die wiederum eine harmonische Atmosphäre bewirkt – zum Nutzen des Zusammenlebens und der Unterrichtsarbeit.

Mit den Kindern, nicht *zu* ihnen reden

Ein Kind fühlt sein Recht auf die eigene Meinung. Diese kann nicht durch Logik entwaffnet werden. Dem Kind zuhören heißt, seine Logik entdecken. Zum Kind reden bedeutet, ihm zu sagen, wie wir die Dinge getan haben wollen: Forderung nach Gehorsam, Ausdruck des eigenen Denkens. Mit dem Kind reden signalisiert gemeinsame Suche nach Lösungen. Zusammenarbeit muss erworben, sie kann nicht gefordert werden. Der beste Weg zur Kooperation ist, frei zu sagen, was jeder denkt und fühlt, und miteinander bessere Wege des Zusammenlebens zu erkunden. Bevorzugen Sie „Ich-Botschaften“ („Ich bin ärgerlich und hab ’ne Menge Stress, weil du so spät aufgestanden bist.“).

Alle Beteiligten einbeziehen

Das Geheimnis des Erfolges beim Interessenausgleich liegt in der Bereitwilligkeit der Beteiligten, ein Problem als gemeinsames Anliegen anzuerkennen. Die Überwachung des Fernsehprogramms (der Computerspiele) geht die Familie an, da Zusammenleben dauernde gegenseitige Wechselwirkung bedeutet.

Tafeldienst, Hausaufgaben, Sitzordnungen müssen einvernehmlich geregelt werden, und zwar im Klassenverband. Je größer die Schwierigkeit, desto mehr ist die Lösung Sache aller Beteiligten. Diese Methode entwickelt gegenseitige Achtung, gegenseitige Verantwortung und fördert die Gleichberechtigung. Demokratisches Zusammenleben in der Familie und in der Schule beruht auf der Grundlage sozialer Gleichwertigkeit.

3.2 Gesprächsführung – eine unverzichtbare Basiskompetenz des Lehrers

Im Schulalltag ist es häufig notwendig, ein Gespräch zu führen. Dann steht der Lehrer vor einer grundsätzlichen Entscheidung, die allen anderen Aktivitäten vorgelagert ist: Soll er wirklich mit dem Schüler, den Eltern oder dem Kollegen reden – oder soll er lieber schweigen?

Wir alle kennen Gespräche, die wir fürchten und die uns Kopfschmerzen verursachen, vor denen wir uns drücken oder an die wir herangehen wie an das sprichwörtliche heiße Eisen.

Das Unbehagen entsteht, weil wir die Konsequenzen fürchten und in einem scheinbar ausweglosen Dilemma stecken: Sollen wir Konfrontation oder Vermeidung wählen? Wir stellen uns immer wieder die gleichen Fragen: „Soll ich das Thema ansprechen? Oder doch lieber darüber hinwegsehen?"

Warum ist es so schwierig, sich in dieser Situation zu entscheiden? Wenn wir versuchen, dem Problem auszuweichen, fühlen wir uns übervorteilt, die Unzufriedenheit nagt an uns, wir fragen uns, warum wir nicht zu unserer Meinung stehen, und wir nehmen der anderen Person die Möglichkeit, etwas zu verändern. Schwierige Gespräche werden immer eine Herausforderung bleiben, ganz gleich, wie versiert man darin sein mag.

Ein Problem anzusprechen, ist immer ein heikler Vorgang. Vorsichtig formuliert oder sachlich-direkt angesprochen: Damit ist auf jeden Fall ein Prozess in Gang gekommen, dem man sich zu stellen hat. Und zu schweigen ist auch nicht besser. Das Problem besteht weiterhin und kann unvermittelt eskalieren, weil niemand regulierend eingreift. Dabei ist sogar noch ausgeblendet, was die Kommunikationsforschung zu bedenken gibt: dass jede „Botschaft", jede Mitteilung vom Empfänger je nach seiner Befindlichkeit, seinen Bedürfnissen, seiner Vorbildung usw. „zurechtgehört" wird.

Das Gesprächsverhalten muss regelmäßig trainiert und reflektiert werden, Rückmeldungen vom Gesprächspartner sind unerlässlich, um zu klären, ob die gewählte Vorgehensweise den gewünschten Erfolg erzielt. Für unterschiedliche Gesprächssituationen gibt es Leitfäden, die der Lehrkraft helfen, die nötige Sicherheit im Vorgehen zu entwickeln.

Es beginnt bei der Haltung

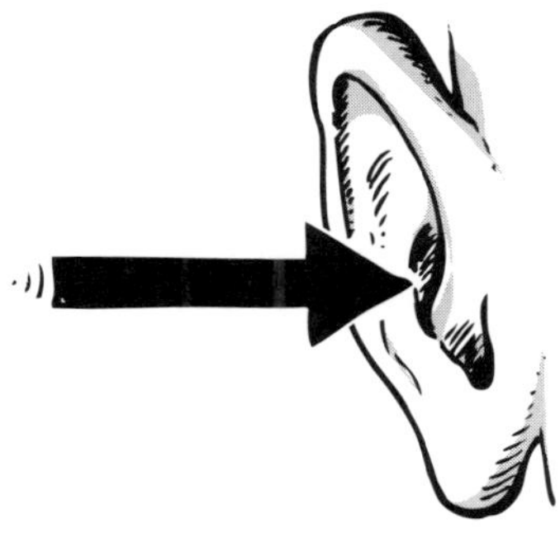

Lehrkräfte sollten in Gesprächen mit Schülerinnen und Schülern sowie den Erziehungsberechtigten immer wieder realisieren, dass diese ein anderes Niveau, eine andere Art zu denken und auch eine andere Sprachentwicklung haben können. Durch aufmerksames Zuhören und geduldiges Zurückfragen, wenn Einzelheiten zunächst noch unklar sind, drücken die Pädagogen aus, dass sie ihren Gesprächspartner ernst nehmen und ihn respektieren.

Grundtugenden: Aktives Zuhören und Ich-Botschaften

Die folgende Übersicht verdeutlicht die Unterschiede zwischen der Alltagskommunikation und der professionellen Kommunikation in Beratungssituationen.

Vom Hören über das Hinhören zum aktiven Zuhören

Hören	Hinhören	Zuhören
Hören ohne Hinhören heißt zum Beispiel, mit sich selbst beschäftigt zu sein, nur sporadisch aufzumerken und einem Gespräch nur so lange zu folgen, bis selbst geredet werden kann.	Hinhören ohne Zuhören heißt: Aufnehmen, was die andere Person sagt, ohne sich zu bemühen herauszufinden, was der andere meint oder sagen will.	Zuhören heißt, sich in den Partner hineinzuversetzen, ihm volle Aufmerksamkeit zu schenken und dabei nicht nur auf den Inhalt, sondern auch auf Zwischentöne zu achten.
Die Aufmerksamkeit ist noch nicht vorrangig auf den Gesprächsinhalt gerichtet, sondern mehr auf die eigene Beschäftigung, die eigenen Gedanken und die Gelegenheit, zu Wort zu kommen.	Man ist gefühlsmäßig noch unbeteiligt, distanziert und abwartend. Die oder der Sprechende meint fälschlicherweise, ihr oder ihm würde ernsthaft zugehört.	Durch Haltung und Reaktion wird dem Gesprächspartner mitgeteilt, dass es im Moment nichts Wichtigeres gibt als sie oder ihn.

Das Thema „Reden und Zuhören“ hat das ausgehende 20. Jahrhundert bzw. das beginnende 21. Jahrhundert nicht neu erfunden. Viele Aussagen der alten Griechen, z.B. des Atheners Sokrates, verdeutlichen uns die Kriterien erfolgreicher Dialoge. So soll Sokrates einmal gesagt haben: *„Dies ist ungefähr deine Meinung. Ich wiederhole sie, damit uns nichts entgeht und damit du Fehlendes ergänzen oder anderes zurücknehmen kannst.“*

Die Checkliste „Das aktive Zuhören“ beschreibt solche konkreten Verhaltensweisen.

Das aktive Zuhören

Hinhören
Hat Blickkontakt gesucht
Hat sich auf den Partner konzentriert und Signale der Aufmerksamkeit gezeigt
Hat Pausen ruhig ausgehalten

Unschärfen auf der Sachebene
Hat unklare Stellen erfragt
Hat unsichere Interpretationen in eigenen Worten vorgetragen
Hat in angemessenen Abständen wiederholt/Inhalte zusammengefasst

Unschärfen auf der Seite des Gesprächspartners
Hat Störungen auf der Seite des Gesprächspartners wahrgenommen
Hat die Gefühle des Partners verbalisiert
Hat sich Gefühle erläutern lassen

Kreatives Mithören
Hat den Partner ermuntert weiterzusprechen
Hat nachgefragt und das Gespräch vertieft
Hat sich mit eigenen Stellungnahmen zurückgehalten

In der Kommunikation unterscheiden wir Ich-Aussagen und Du-Aussagen. Du-Aussagen führen häufig zu gegenseitigen Vorhaltungen, Vorwürfen und Angriffen. Sie fördern in der Regel eine Haltung der Rechtfertigung und ständigen Verteidigung sowie der Rivalität. Denn in diesem Fall heißt die Mitteilung im Klartext: „Wenn du nicht wärst, hätten wir dieses Problem gar nicht!" – „Wenn du deine Arbeit besser machen würdest, könnte ich viel mehr leisten!"

In Ich-Aussagen teile ich meine Gefühle, Empfindungen und Gedanken mit. Ich öffne mich durch sie, teile mich durch sie mit, z.B. „Ich bin enttäuscht", „Ich freue mich", „Ich bin verärgert" usw. In Ich-Aussagen kann ich ferner versuchen, meine Gedanken, Bedürfnisse, Wünsche und Interessen auszudrücken.

Weil Ich-Aussagen bei der eigenen Person bleiben, fördern sie die Bereitschaft des Gesprächspartners, ebenfalls Ich-Aussagen zu wählen. Dadurch wird eine Atmosphäre der Offenheit und des Vertrauens geschaffen.

Hier die drei Elemente einer vollständigen Ich-Botschaft:

1. Konkrete Beschreibung des relevanten Verhaltens oder Ereignisses
2. Ehrliche Darlegung eigener Gefühle und Wünsche
3. Wahrnehmung der Wirkung/Folgen eines Ereignisses für die eigene Person

Aus der Darstellung der „Ich-Botschaft" ergibt sich die 3-Schritt-Strategie der Problemansprache.

1. Schritt: Die eigene Wahrnehmung beschreiben

Das Verhalten der anderen Person beschreiben:
Ich nehme wahr …
Ich habe beobachtet …
Ich habe den Eindruck gewonnen …
Mir ist aufgefallen …

2. Schritt: Die Bedeutung bzw. Reaktion erläutern

Das betrifft einerseits die inhaltlich-sachlichen Folgen:
Das kann zur Folge haben …
Ich befürchte …
Ich mache mir Sorgen, dass …
Andererseits betrifft es meine persönliche Reaktion:
Ich bin (ärgerlich, enttäuscht, irritiert, unzufrieden …)
Mir geht es damit …
Mein Eindruck ist im Moment …

3. Schritt: Das eigene Anliegen formulieren

Dies kann ein Veränderungswunsch sein (eine Bitte, eine Erwartung, eine Forderung oder eine Anweisung), eine Informationsfrage, aber auch die Mitteilung einer getroffenen Entscheidung:
Ich wünsche mir von Ihnen …
Ich erwarte, dass Sie …
Ich frage mich …
Meine Frage an Sie ist …
Meine Entscheidung lautet …
Als ersten Schritt schlage ich vor …

Auf diese Weise kann ein Gespräch eingeleitet werden, das von der Lehrkraft initiiert wird. Der Prozess der Lösungssuche orientiert sich dann an sechs Schritten, die Thomas Gordon zusammengefasst hat.

Thomas Gordon: Die sechs Schritte der Problemlösung

1. Schritt: Den Konflikt oder das Problem identifizieren und definieren
2. Schritt: Mögliche Alternativlösungen entwickeln
3. Schritt: Die Alternativlösungen kritisch bewerten
4. Schritt: Sich für die beste annehmbare Lösung entscheiden
5. Schritt: Wege zur Ausführung der Lösung ausarbeiten
6. Schritt: Spätere Untersuchung, um zu beurteilen, wie sie funktionierte

Das „Kritikgespräch“

Kritik äußert eine Lehrkraft, wenn ein Schüler bestimmte Leistungen nicht erbringt, mit dem Verhalten gegen Normen oder Werte verstößt und Vereinbarungen nicht einhält. Mit dem Kritikgespräch soll erreicht werden, dass der kritisierte Schüler sein Verhalten oder seine Einstellungen verändert.

Das sind hohe Ansprüche an ein Gespräch. Es muss gut geführt werden, um zu wirken und nicht das Gegenteil, nämlich Widerstand, Verhärtung und Konflikte zu provozieren.

Eine derartige Konfrontation ist für Kinder und Jugendliche, die häufig bereits Abwertung durch andere erfahren haben und zur Selbstentwertung neigen, eine sehr große Irritation. Das psychische System gerät in einen Konflikt. Die Folgen sind Rechtfertigungen, Leugnung, Schuldgefühle, Besserungsversprechen, Gegenangriffe zum Schutz vor äußeren und inneren Konflikten zur Aufrechterhaltung des Selbstwertgefühls.

Ein Kritikgespräch steht in der Mitte zwischen Ermahnungen auf der einen und Sanktionen auf der anderen Seite: Ermahnungen → Kritikgespräch → Sanktionen.

Erst informelles Ansprechen, dann Kritikgespräch

Dem förmlichen Kritikgespräch sollten Hinweise über das zu kritisierende Verhalten im informellen Raum vorausgegangen sein. Erst wenn z. B. ein mehrmaliges Ansprechen des Zuspätkommens zwischen Tür und Angel nicht gefruchtet hat, ist es sinnvoll, das formale Kritikgespräch zu führen. So wird es nicht inflationär gebraucht, sondern behält seinen herausragenden Charakter. Und erst wenn auch dieses Gespräch mit seinen klaren Vereinbarungen und Kontrollen den Schüler nicht dazu bewegen konnte, sein Verhalten zu ändern, sollten Sanktionen und Ähnliches eingesetzt werden.

Was ist beim Kritikgespräch zu beachten?

Klären Sie vor einem Kritikgespräch einige wichtige Voraussetzungen.

Handlungsplanung

- Möglichst kleine „Öffentlichkeit“: Die Zahl der „Mitwisser“ sollten Sie klein halten und nach Möglichkeit auch keine Hintergrundrecherchen anstellen.
- Offenes Vorgehen: möglichst allen Beteiligten, insbesondere aber dem kritisierten Schüler alle Schritte offen ankündigen
- Möglichst zeitnahe Aktionen: Zwischen Problemverhalten und Problembearbeitung möglichst wenig Zeit verstreichen lassen
- Keine „kommunikative Umzingelung“ des „Täters“ z. B. durch Hintergrundrecherchen

- Einladung zum Gespräch: den üblichen Weg einhalten (keine „Dramatisierung" z.B. durch schriftliche oder öffentliche Form)
- Den Gesprächszweck nennen, aber auch auf Nachfrage nicht auf Einzelheiten eingehen, sondern stattdessen auf das Gespräch verweisen
- Eine angemessene, möglichst kurze Frist setzen (nicht „schmoren" lassen)

Hier einige Tipps, wie ein Kritikgespräch ablaufen sollte, damit es für alle Beteiligten zu einem positiven Ergebnis kommt.

Ablauf eines Kritikgesprächs

Gesprächsort und Atmosphäre

- Ungestörter Gesprächsort
  (keine „Ohrenzeugen", keine Störungen)
- keine „Sekundanten" oder „Zeugen" hinzurufen
  (Ausnahme: Dem Kritisierten kann angeboten werden, eine Person seines Vertrauens mitzubringen.)
- partnerschaftliche Sitzordnung
  (z.B. „über Eck" an einem Tisch, aber nicht „ex cathedra" vom Schreibtisch aus)

Aspekte der Gesprächseröffnung

- Mögliche Gesprächssorgen thematisieren und Lösungszuversicht ausdrücken
  („Ich möchte mit dir folgende Situation besprechen ... Das wird für uns beide sicher nicht leicht. Ich bin aber zuversichtlich, dass wir es schaffen werden.")
- Das Problem zugewandt, aber in „entwaffnender" Offenheit und Direktheit ansprechen (also nicht „herumdrucksen" oder „fragend-entwickelnd" oder „entdecken-lassend" hinführen; wie z.B. „Es gibt in letzter Zeit Klagen über dich – vielleicht kannst du dir denken, worum es geht." – oder: „Du kannst dir vorstellen, warum ich dich zu mir gebeten habe ...")
- Vorwurf-Rechtfertigungs-Schemata vermeiden
  (also nicht: „Warum hast du das denn gemacht? Was hast du dir nur gedacht, als du ..."). Fragen Sie stattdessen nach der Außenperspektive. Was würde deine Freundin ... dazu sagen? Oder: Du musst einen guten Grund haben (zu schwänzen, Drogen zu nehmen, zu stehlen). Die Antworten auf diese Frage geben Einblick in das Wertesystem des Schülers, in seine Wahrnehmungslogik.
- Knapp und klar sprechen
  Das zu kritisierende Verhalten und das erwünschte Verhalten kurz und knapp formulieren. Diese Formulierungen schon vorab überlegen.

Aspekte der Gesprächsführung

- Empathie: versuchen, sich in den Schüler hineinzuversetzen; die Problem-, aber auch die Gesprächssituation mit den Augen des anderen wahrnehmen
- Zuhören: aktiv und diagnostisch (mitdenkend, analysierend) die Worte der Schülerin oder des Schülers wahrnehmen
- Abwehrstrategien der kritisierten Person neutralisieren, freundlich und bestimmt zurückweisen, z.B.: Gegenkritik („Sie selber vergessen aber auch so manches; letztens zum Beispiel …" – „Deine Kritik an mir ist möglicherweise berechtigt, ich möchte dich aber bitten, zunächst bei dem angesprochenen Problem zu bleiben. Ich bin gerne bereit, am Ende/ein anderes Mal mit dir darüber zu sprechen.") „Blitzableiter" („Der X ist aber noch viel schlimmer!" – „Über X sprechen wir an dieser Stelle nicht; ich möchte dich darum bitten, dass wir zunächst einmal über dein Verhalten sprechen.")
- Dissens im Tatbestand ertragen: Meine Wahrnehmung oder Interpretation des Problemverhaltens muss nicht mit der des Schülers übereinstimmen – ich kann auch ohne Konsens eine Änderung verlangen oder erbitten.
- Änderungsverlangen explizit formulieren: deutlich formulieren, welches (alternative) Verhalten vom Schüler erwartet wird. Also: nicht offenlassen, was geschehen soll, oder den Schüler seine eigenen Schlüsse ziehen lassen, und seien diese noch so naheliegend. Wichtig: mit dem Schüler besprechen, was ihm hilft, das erwartete Verhalten zu zeigen (z.B. „Wer kann dich unterstützen?").
- Affekte akzeptieren: Der kritisierte Schüler hat das Recht, sich aufzuregen. Seine Affekte sind Selbst-Ausdruck und nicht als Appell zu deuten, von Kritik oder Änderungsverlangen abzulassen. Kritik und Änderungsverlangen werden nicht dadurch gegenstandslos, dass der Kritisierte erregt ist – im Gegenteil, Sie haben ihn erreicht.
- Bei Gesprächskrisen: Diese vorsichtig und ohne Schuldzuweisung thematisieren und z.B. einen „Neustart" des Gesprächs vorschlagen, z.B. „Ich habe den Eindruck, dass wir uns etwas verrannt haben, vielleicht sollten wir uns morgen hier noch einmal treffen."
- Insgesamt gilt im Sinne einer konstruktiven zukünftigen Zusammenarbeit: Möglichst keinen Verlierer erzeugen!

Gesprächsende

- Absprachen treffen: Zeiträume und Auswertungsgespräch vereinbaren
- Unterstützung anbieten (ernst gemeint; nicht „rhetorisch" und nicht als „Köder")
- Konfliktbeziehungen (mit Dritten) bereinigen: Zur Kontaktaufnahme mit anderen Konfliktpartnern ermuntern; Schlichtung anbieten

- Evaluation des Gesprächsverlaufs: Gesprächsverlauf und Affekte (Ärger und Unzufriedenheit) thematisieren (z.B.: „Das war jetzt für uns beide sicher gar nicht so einfach. Ich hoffe, dass wir in Zukunft wieder gut zusammenarbeiten.")

Gesprächsnachbereitung

- Das Gespräch reflektieren, auch wenn es sehr unerfreulich war: Das eigene Verhalten kritisch betrachten und daraus lernen – und nicht möglichst schnell „vergessen". Eine Möglichkeit: Führen Sie ein persönliches „Gesprächsführungstagebuch", in dem Sie Ihr Gesprächsverhalten – nicht die Gesprächsinhalte! – reflektieren.
- „Entwarnung" geben: dafür sorgen, dass die Öffentlichkeit über die Bearbeitung informiert wird.

Gewusst wie – klare, sachbezogene Arbeitsanweisungen wählen

Klaus Fischer hat dargelegt, wie eine sprachlich klare, mit Entschiedenheit vorgetragene Botschaft die Aussicht auf Erfolg beträchtlich erhöht. Er nennt acht „klassische Fallen", die dazu führen, dass Botschaften oftmals nicht zu den gewünschten Handlungsergebnissen führen, und bietet dazu Alternativen an. Wir haben seine Ausführungen auf den erzieherisch-pädagogischen Sektor übertragen und entsprechend umformuliert.

Die „Falle"	Ein Beispiel	Positiver Gegenvorschlag
Suggestivfragen	„Glaubst du nicht, dass du die Hausaufgaben machen solltest?"	„Ich möchte, dass du spätestens ab 16 Uhr die Hausaufgaben machst und sie ordentlich erledigst."
Aufforderungen aus dem Hintergrund	„Hört mit den Rangeleien an den Gruppentischen auf!"	„Löst jetzt die Aufgabe Nr. 3, sprecht nur so laut, dass ihr eure Nachbarn nicht stört." (Blickkontakt mit der gesamten Klasse)
Zu schneller Kontaktabbruch	„Schreib das Datum und eine passende Überschrift hinzu." (Lehrer wendet sich ab)	Bei der Schülerin stehenbleiben, bis der Arbeitsauftrag erfüllt ist. Nach einem Lob weitergehen.
Verbote statt Anweisungen	„Schmier nicht so!"	„Wenn du das Löschblatt benutzt, verschmiert die Schrift nicht."
Anordnungen ohne „Vorwarnungen"	„Zieht jetzt sofort als Erstes einen breiteren Korrekturrand!"	„Ihr braucht einen breiteren Korrekturrand. Zieht ihn spätestens in zehn Minuten."

Die „Falle“	Ein Beispiel	Positiver Gegenvorschlag
Warum-Fragen	„Warum schreibst du den Satz nicht von der Tafel ab?“	„Schreib jetzt bitte den Satz in dein Heft.“
Appelle an die Einsicht	„Du musst doch einsehen, dass die Berichtigung nicht auf einem losen Zettel stehen darf.“	„Übertrage noch die Berichtigung ins Heft; dann ist alles an Ort und Stelle.“
Androhung von unrealistischen Strafen	„Wenn du noch einmal störst, fliegst du von unserer Schule!“	„Lass bitte deinen Nachbarn in Ruhe. Er kann sich nicht konzentrieren, wenn du ihn störst.“

3.3 Berücksichtigung und Beeinflussung der Gruppenentwicklung

Gene Stanford beschreibt in seinem Buch „Gruppenentwicklung im Klassenraum und anderswo“ den Prozess, den eine Gruppe im Verlauf ihrer Zusammenarbeit durchläuft.

Wie andere Autoren nimmt er an, dass ein Individuum sowohl in Einzelsituationen als auch in Gruppenzusammenhängen bestimmte Grundbedürfnisse verwirklichen möchte. Abraham Maslow (1943) vermutet, dass diese Grundbedürfnisse hierarchisch geordnet sind.

Bedürfnishierarchie nach Maslow, 1982

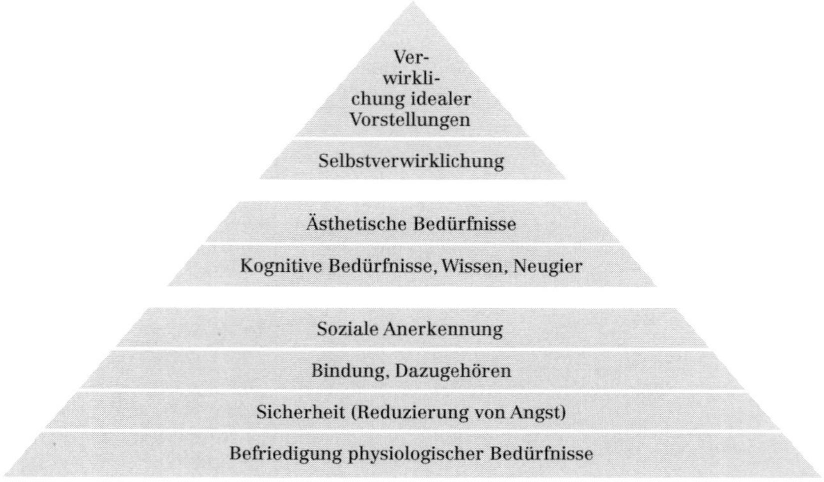

Nach der Befriedigung physiologischer Grundbedürfnisse strebt das Individuum zunächst nach Sicherheit in der Gruppe. Danach steht die soziale Anerkennung im Vordergrund. Erst wenn diese Bedürfnisse gesichert sind, kann das Individuum seine Neugier, etwas Neues zu lernen, ausleben und in der Gruppe nach Selbstverwirklichung streben.

Jede Entwicklung beginnt mit einer Phase der Orientierung, in der alle zunächst noch vorsichtig agieren, um sich zunächst einen Überblick über die anwesenden Personen zu verschaffen und erste Unsicherheiten zu überwinden. In der Phase der Normbildung steht die Sicherheit des Einzelnen weiter im Vordergrund. Anpassungsdruck und Anpassungsbereitschaft führen zu ersten effektiven Leistungen der Gruppe. Die dabei entstehenden ersten Rollenzuschreibungen führen aber nicht für alle Gruppenmitglieder zu einem befriedigenden Ergebnis in Bezug auf ihr Bedürfnis nach sozialer Anerkennung. Dieses Missverhältnis leitet über zur Konfliktphase, in der einige Rollen neu ausgehandelt werden. Erst wenn diese Phase für die Mehrheit zufriedenstellend abgeschlossen ist, kommt es in der Phase der Produktivität zur höchsten Leistungseffektivität der Gruppe. In der Phase der Auflösung der Gruppe sinkt die Gruppenleistung erneut, Prozesse der Trauer und Ablösung stehen im Vordergrund und mindern die Arbeitsfähigkeit.

Die in diesem Modell idealtypisch unterschiedenen Phasen verlaufen meistens allerdings nicht linear, sondern häufig auch in Schleifen und Wiederholungen. Die Gruppe macht Fortschritte und Rückschritte, je nachdem, ob alle Untergruppen in gleicher Weise an der Entwicklung teilnehmen oder aber einzelne „abgekoppelt" werden. Von einigen Gruppen wird deshalb die Phase der Produktivität entweder überhaupt nicht oder nur schwankend für kurze „Sternstunden" erreicht.

Der Klassenlehrer oder die Lehrkräfte einer Klasse haben nach STANFORD einen wichtigen Einfluss auf die Entwicklung und das Durchlaufen der Phasen. Denn auch für sie gilt die generell gültige Einsicht, dass von *allem*, was wir tun oder eben nicht tun, Signale ausgehen: „Man kann sich nicht nicht verhalten".

Geplant oder nicht, jede Lehrkraft gibt vor, welche Prozesse und Grundbedürfnisse in den einzelnen Phasen geregelt und unterstützt durchlaufen werden können oder welche Prozesse nebenbei ungeordnet in den Pausen ausgehandelt werden müssen.

Besonders bedeutsam ist das Verhalten der Lehrkraft auch in der Konfliktphase. Ein häufig gewähltes Vorgehen besteht darin, Konflikte im Beisein der Lehrkraft zu verbieten, zu unterdrücken und keine Möglichkeiten zum regelhaften Austragen von Meinungsverschiedenheiten zu geben. Dieses Leiterverhalten führt nicht zum Verschwinden der notwendigen Konfliktphase, sondern nur zu einer Verlagerung auf den Pausenhof, wo das Recht des Stärkeren entscheidet.

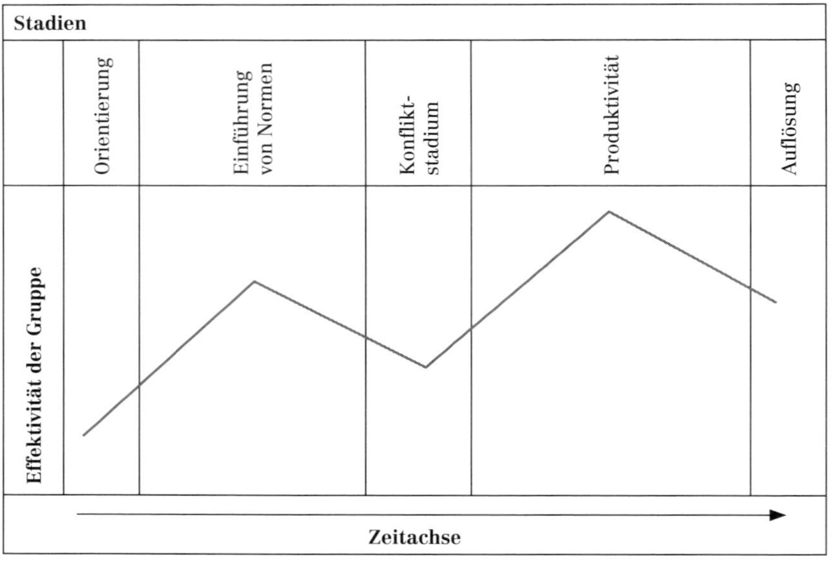

Zusammenhang zwischen den Stadien der Gruppenentwicklung und der Leistungsfähigkeit der Gruppe

Ein weiterer wichtiger Einflussbereich der Lehrkraft bezieht sich auf die Rollenfindung in der Klasse. Untersuchungen haben gezeigt, dass Lehrkräfte durch fast unmerkliche Signale der Sympathie und Antipathie entscheidenden Einfluss auf die Rollenverteilung in einer Klasse nehmen. Schülerinnen und Schüler, die von der Lehrkraft abgelehnt werden, geraten mit hoher Wahrscheinlichkeit in eine Außenseiterposition innerhalb der Klassengemeinschaft.

Diese und andere Einflussfaktoren einer Lehrkraft haben STANFORD veranlasst, für die einzelnen Phasen des Gruppenprozesses Vorschläge für unterstützendes Verhalten zusammenzustellen.

Nachfolgend werden die Merkmale jeder Phase noch einmal kurz benannt und es wird beschrieben, wie die Lehrkraft in dieser Phase agieren sollte, um den Gruppenentwicklungsprozess zu unterstützen.

1. Orientierungsstadium

Merkmale

Alle sind beschäftigt mit den Fragen:

- Was wird passieren, welche Erfahrungen warten auf mich in dieser neuen Gruppe? (Hier geht es darum, Erwartungsängste zu minimieren.)

- Wer sind die anderen Leute? (Kennenlernen ist die wichtigste Voraussetzung für eine produktive Gruppe.)
- Wie werde ich mit den anderen Menschen zurechtkommen? Werden sie mich mögen? Werde ich sie mögen? (Hier ist das Bewusstmachen der eigenen Wirkung auf andere ein wichtiges Selbsterfahrungsziel innerhalb des Gruppenprozesses.)

Hilfreiches Lehrerverhalten
- Sachinformationen geben, Fragen ausführlich bearbeiten, ernst nehmen
- Durch wiederholte Übungen das Kennenlernen intensivieren, selbst Vorbild für konstruktives Verhalten sein
- Herabsetzungen, Diskriminierungen vermeiden; selbstkritischer Umgang mit der eigenen Sympathie und Antipathie gegenüber den Schülerinnen und Schülern

2. Stadium der Normenbildung

Merkmale
- Die Schüler lernen, sich in einem effektiven Team zu organisieren.
- Es werden Rollen verteilt / Machtpositionen definiert:
  Wer hört wem zu? – Wer hat Einfluss in der Gruppe?

Hilfreiches Lehrerverhalten
- Selbstverantwortlichkeit der Gruppe stärken
- Eingehen auf andere (aktives Zuhören)
- Zusammenarbeit fördern (Kooperation belohnen)
- Entscheidungen durch Konsensbildung herbeiführen
- Auseinandersetzung mit Problemen, Lösungsstrategien erarbeiten

3. Konfliktstadium

Merkmale
- Je offener die Gruppe lernt, „sich Problemen zu stellen“, d.h. Probleme nicht zu ignorieren, sondern offen anzusprechen, desto mehr Konflikte treten an die Oberfläche.
- Je freier alle Gruppenmitglieder werden, desto offener können Meinungsverschiedenheiten, Ziel- und Wertediskrepanzen ausgetragen werden bzw. zutage treten.
- Schüler testen auch die Aufrichtigkeit der Lehrkraft und ob sie es mit der Offenheit wirklich ehrlich meint.
- Schüler stellen manchmal durch Konflikte unbewusst Distanz untereinander her, um die Nähe, die sie eigentlich wollen, wieder ein Stück weit zu kanalisieren.

- Schüler beanspruchen manchmal in dieser Phase die vollständige Selbstständigkeit und versuchen, die Lehrkraft in ihrer Rolle zu demontieren.
- In dieser Phase kommt es auch häufiger zur Regression in eine Verweigerungshaltung.
- STANFORD vergleicht dieses Stadium mit der Pubertät im menschlichen Entwicklungszyklus, in der es ja auch zu sehr konfliktträchtigen Krisen kommen kann.

Hilfreiches Lehrerverhalten
- Erklären Sie den Schülerinnen und Schülern, dass Konflikte hilfreich und für Veränderungen notwendig sind.
- Ermutigen Sie die Schüler, sich den Konflikten zu stellen!
- Je offener alle ihre Meinung sagen dürfen, desto mehr Konflikte wird es geben, weil jeder engagiert und interessiert ist. Dies ist ein gutes Zeichen!
- Konflikte müssen nicht in Aggressionen ausarten, sie können konstruktiv gelöst werden.
- Sagen Sie dies alles den Schülern, und zwar häufiger!
- Ängstliche Schüler sind oft verwirrt, wenn Mitschüler die Lehrkraft angreifen. In solchen Situationen sollten Sie ruhig bleiben, um den Schülerinnen und Schülern ein Vorbild zu geben, wie Angriffe auch konstruktiv bewältigt werden können. Werden Sie vor allem nicht autoritär!
- Methoden im Konfliktstadium: aktives Zuhören (sowohl der Lehrkraft als auch der Schüler), Empathie. Achten Sie auf Ihre Gefühle und auf die der Kinder! Rollenspiele, Ich-Botschaften.

4. Stadium der Produktivität

Merkmale
- Die Klasse hat sich zu einer effektiv arbeitenden Gruppe entwickelt.
- Die Aufmerksamkeit der Gruppe richtet sich sowohl auf die inhaltliche Arbeit als auch auf die interpersonalen Bedürfnisse aller Gruppenmitglieder.

Hilfreiches Lehrerverhalten
- Stützung der erworbenen Fähigkeiten der Gruppe
- Gelegentliche Rückschritte sind natürlicher Bestandteil des Gruppenprozesses

5. Auflösungsstadium

Merkmale

- Gesteigerte Konflikthäufigkeit
- Zusammenbruch gruppenkonstruktiver Fähigkeiten
- Teilnahmslosigkeit
- Wut auf die Lehrkraft
- Infragestellen der guten gemeinsamen Erfahrungen

Hilfreiches Lehrerverhalten

- Akzeptanz und Trennung stützen
- Zukunftsorientierung fördern
- Noch schwelende Konflikte lösen
- Offenen Umgang mit den aufbrechenden Gefühlen pflegen

Konkret beginnen: die Klassengemeinschaft stärken

Alle Maßnahmen, die ein gutes Klassenklima zur Folge haben, tragen reiche Früchte. Die Schülerinnen und Schüler können dann die Kraft, die einer solidarisch-eingespielten Lerngruppe innewohnt, in konstruktiver Weise nutzen und mit aufkommenden Problemen souveräner umgehen. Allerdings: Ein freundlicher Umgangston zwischen Lehrkraft und Schülern und zwischen den Mädchen und Jungen untereinander, die gegenseitige Hilfsbereitschaft und das faire Streiten um die besten Lösungen der strittigen Fragen fallen nicht vom Himmel. Die Lerngemeinschaft insgesamt hat vielmehr eine beträchtliche Wegstrecke der Erfolge wie der Rückschläge zu absolvieren, bis der gewünschte Effekt sich einstellt. Wie so oft geht es um die schrittweise Annäherung an das Ziel – und darum, die jeweils nötigen Instrumente in diesem Prozess sachdienlich einzusetzen.

Das Kennenlernen darf keine einmalige Situation sein. Wiederholte Übungen in den ersten Wochen einer neuen Klassengemeinschaft fördern die gegenseitige Wahrnehmung positiver Verhaltensweisen. Damit wird verhindert, dass negative Verhaltensweisen die soziale Wahrnehmung dominieren und bestimmte Schüler rasch ins Abseits gedrängt werden.

Hier ein Beispiel für eine Kennenlernübung. Das Murmelspiel kann die Schüler dazu veranlassen, sich spielerisch in ihre Mitschüler hineinzuversetzen:

Die Schüler und Schülerinnen setzen sich in einem Kreis zusammen. In der Mitte steht ein Topf mit Murmeln. Die Lehrerin verteilt an jeden Schüler eine Ja- und eine Nein-Karte, die jeweils eine unterschiedliche Farbe haben. Sie hat Fragen vorbereitet, etwa: „Glaubst du, dass Jens gern Handball spielt?“ Diese Frage wird nun Jens gestellt, und alle übrigen Schülerinnen und Schüler müssen entscheiden, ob Jens die Frage mit Ja oder Nein beantworten wird.

Nachdem Jens die Frage still für sich beantwortet hat, zeigt jeder Schüler entweder seine Ja- oder Nein-Karte. Jens gibt nun die Antwort. Alle Schülerinnen und Schüler, deren Vermutung richtig war, dürfen sich eine Murmel aus dem Topf nehmen.

Das Spiel wird reihum weitergeführt, sodass jedem Schüler eine Frage gestellt und er von allen übrigen eingeschätzt wurde.

Immer neue Fragen können entworfen und auf die Klassensituation zugeschnitten werden. So lernen die Schüler einander näher kennen und werden immer wieder angeregt, sich in ihre Mitschüler hineinzudenken. Die Fragen können auch von den Schülern gestellt werden.

3.4 Klassenregeln – Konsequenzen – die Metaregel

Wo – wie in der Schule – viele Menschen auf relativ engem Raum zusammenleben, sind Absprachen, Regeln und Verbote unverzichtbar. In der Hausordnung ist festgehalten, dass jeder Einzelne Rücksicht auf den anderen zu nehmen hat, damit das Gemeinschaftsleben funktioniert, und dass die Räume mit ihrer Einrichtung pfleglich zu behandeln sind, damit alle gut lernen können. Im Einzelnen ist auf diesen Informationsblättern zum Beispiel zu lesen, was beim Ausbleiben des Lehrers zu geschehen hat, wann Beurlaubungen gewährt werden können und welche Folgen unentschuldigtes Fehlen („Schwänzen") nach sich zieht. Hinzu kommen noch in vielen Fällen gemeinsam getroffene Vereinbarungen zwischen Lerngruppen und bestimmten Lehrkräften. An diese zusätzlichen Regelungen erinnern Wandzeitungen in den Klassenräumen.

Soll das Regelwerk als Steuerungsinstrument des Zusammenlebens wirksam bleiben, müssen die Bestimmungen regelmäßig ins Gedächtnis gerufen und bei Bedarf auch aktualisiert werden. Je nach Schulform und Altersstufe ist zu entscheiden, wie kleinschrittig und konkret die Angaben abzufassen sind, damit die einen – man denke an Grundschüler – die Regelungen überhaupt erst kennenlernen, und wie das Erstellen der Schulordnung vor sich gehen soll, damit die anderen – man denke an Oberstufenschüler – sie aus Einsicht akzeptieren. Allgemein empfiehlt es sich,

- nicht in Regulierungswut zu verfallen, die Zahl der Paragraphen also klein zu halten,
- so plausibel und positiv wie möglich zu formulieren: den Sinn der Regeln herauszustellen und das gewünschte Verhalten zu nennen (nicht das unerwünschte zu notieren),
- eher Gebote als Verbote aufzunehmen, weil dadurch weniger Bedrohliches im Spiel ist; das wirkt sich atmosphärisch günstig aus.

Beim Blick in englischsprachige Fachliteratur fällt auf, mit wie wenig Worten man auskommt, wenn alles schmückende Beiwerk beiseitegelassen wird.

Englische Hausregeln

We agree to
- do our best
- take care of ourselves, others and this place
- work together as a team
- be safe/careful

We believe in
- being safe
- respecting each other
- always doing our best
- helping and not hurting

We will
- respect
- respond
- be safe and careful
- do our best

Regeln sollten immer den Charakter von Vereinbarungen tragen; die Schülerinnen und Schüler sind also von Anfang an bei deren Erstellung zu beteiligen. Als Zeitpunkt der Beratung und der Einführung bieten sich die ersten Wochen des neuen Schuljahres an. Untersuchungen zum Thema „Wirksames Lehren und Lernen“ zeigen, wie wichtig gleich die ersten Tage und Wochen für das Gelingen der Arbeit im gesamten Schuljahr sind: Wer frühzeitig die Grundlagen für konzentrierten Unterricht und solides Lernen legt, muss sich nicht später aufreiben im Kampf um Aufmerksamkeit und Disziplin.

Auf die Grundlagen – eine Hand voll zentral wichtiger Regeln – folgen dann im Laufe der nächsten Wochen, am besten verknüpft mit konkreten Anlässen, nach und nach weitere Festlegungen.

Der Lehrer als Vorbild: Die Regeln ernst nehmen

Eine konsequente Haltung der Lehrerin, des Lehrers ist hier wie generell in pädagogischen Fragen unverzichtbar. Dazu gehört auch, dass grundsätzlich Klarheit herrscht über das, was geht und was nicht geht – also sind Vereinbarungen in gewissen Abständen aufzufrischen –, und dass die Lehrkraft durch eine gleichbleibend positive Einstellung gegenüber den Regeln allen Schülern in der Klasse Verhaltenssicherheit gibt. Um nicht auf der Negativ-Schiene festzuhängen („Ruft nicht dauernd dazwischen!“), kann der Lehrer seine Erwartungen in konkrete, positiv abgefasste Sätze bringen, zum Beispiel so:

- „Nur wer sich gemeldet hat, kann antworten und seine Meinung sagen.“
- „An den Gruppentischen ist die Lautstärke so einzurichten, dass die anderen Gruppen ringsum nicht in der Arbeit gestört werden.“

Ein fester Wochentermin für eine Gesprächsrunde sorgt dafür, dass auch Fragen des Zusammenlebens erörtert werden können: „Wie steht's um unsere Klassengemeinschaft?“ – „Wie sieht's mit unserem Arbeitsklima aus?“

Regeln brauchen Kontrolle

Absprachen sollen nicht zu umfangreich sein und nur die wirklich wichtigen Dinge regeln – weniger ist mehr. Wie die Regeln sollten auch die Maßnahmen bei Übertretung explizit formuliert und damit transparent gemacht werden. Wenn aus Regelverletzungen Konflikte entstehen, ist es wichtig, dass diese auf möglichst niedriger Ebene bereinigt werden, also zunächst von Person zu Person. Erst wenn die direkt Betroffenen zu keiner Lösung kommen, sollte die Klassenebene einbezogen werden. Als zusätzliche Maßnahme empfiehlt sich die Erarbeitung einer Art „Metaregel“, also die gemeinsame Verständigung über den Umgang mit Regeln beziehungsweise mit Regelverletzungen in der Klasse.

Klassenregeln formulieren

Nachfolgend nennen wir einige grundlegende Regeln und geben Anregungen, wie diese zu erläutern sind.

1. Eine funktionierende Gemeinschaft braucht Abmachungen und Vereinbarungen.

Diese Abmachungen und Vereinbarungen sind sorgfältig ausgewählt und begründet worden und machen Sinn. Wir sind uns bewusst, dass sie nicht für alle Beteiligten gleich sinnvoll und akzeptabel sein können. Da sie jedoch in legitimer Weise zustande gekommen sind, gelten sie als verbindliche Festlegungen für alle. Wir rechnen aber auch mit dem Nichteinhalten von Regeln und berücksichtigen deren Vorläufigkeit.

2. Wer von den Regeln abweicht, muss erklären, warum.

Die Schüler und der Lehrer haben ein Recht darauf, über die Ursachen einer momentanen individuellen Abweichung informiert zu werden („Ich bin zu spät gekommen, weil ...“ – „Ich habe das in meiner Klasse noch nicht durchgesetzt, weil ...“ – „Ich hab's vergessen.“). Dies ist auch ein Zeichen von Einwilligung in die grundsätzliche Verpflichtung und Gemeinschaftstreue. Solche Verstöße, soweit sie nicht grob fahrlässig passieren und Schaden vermieden wird, dürfen vereinzelt vorkommen, ohne dass von Schuld die Rede ist oder Ächtung erfolgt.

3. Rückfragen und Erinnerungen (Ermahnungen) sind erlaubt.

Es gilt nicht als unfreundlicher Akt und man muss nicht mit aggressiver Vergeltung rechnen, wenn Schüler oder Lehrer bei Verstößen nachfragen, ergründen, anmahnen – solange die Prinzipien des fairen Umgangs miteinander beachtet werden. Wir wissen und akzeptieren auch, dass grobe oder chronische Verstöße gegen Regeln die dafür vorgesehenen Sanktionen auslösen können.

4. In diesem Punkt wollen wir tolerant sein.

Wenn ein Schüler oder der Lehrer aus strukturellen Gründen (zum Beispiel Zeitknappheit aufgrund aktueller Arbeitsprojekte) die Vorgaben nicht einhalten kann, werden die individuell beanspruchten (benötigten) Abweichungen offen und konkret vereinbart.

5. Ein Unterlaufen der Abmachungen akzeptieren wir nicht.

Als untauglich oder unwichtig angesehene Vereinbarungen können nicht einfach unterlaufen werden. Vielmehr besteht dann die Verpflichtung, sich für eine Änderung dieser Punkte einzusetzen. Bei anhaltenden Schwierigkeiten sollte die Klasse den Sachverhalt erörtern und eine Lösung erarbeiten.

6. Wer Mühe mit der Einhaltung der Regeln hat oder in Schwierigkeiten gerät, holt sich Unterstützung.

Bei aller grundsätzlichen Bereitschaft, die vereinbarten Regeln auch einzuhalten, können Schüler und der Lehrer in der Praxis doch an die Grenzen ihrer Möglichkeiten stoßen und sich überfordert fühlen oder Angstgefühle entwickeln. In diesem Fall sind sie dazu aufgefordert, um Unterstützung nachzusuchen. Schweigend leiden, trotzen oder kaschieren gehört nicht zu den akzeptablen Reaktionen auf eine solche Problemlage.

7. Wir überprüfen in regelmäßigen Abständen die Brauchbarkeit (aktuelle Angemessenheit) unseres Regelwerks und verändern es bei Bedarf gemäß den neuen Anforderungen.

In einem festgelegten Turnus tauschen wir unsere Erfahrungen mit den internen Regelungen aus und entscheiden, was beizubehalten ist, wo wir modifizieren oder streichen müssen und an welchen Stellen neue Punkte hinzukommen sollten. Gelingt es, in der Klasse den letzten Schritt, die Aufstellung von Metaregeln – gemeinsame Verständigung über den Umgang mit Regeln beziehungsweise mit Regelverletzungen – einvernehmlich zu realisieren, ist der Zielpunkt des Vorhabens erreicht: Der klasseninterne Verhaltens-Leitfaden liegt auf dem Tisch und trägt mit dazu bei, dass die Lehrenden und die Lernenden über die Stoffvermittlung hinaus auch Aspekte des sozialen Zusammenwirkens in ihre Aktivitäten einbeziehen können.

Flankierende Maßnahmen – kleine Belohnungen aussetzen

Was tun, wenn die Vereinbarungen zwar formal unter Dach und Fach sind, gut formuliert und überzeugend begründet, die Schüler aber nicht wie gewünscht auf die Einhaltung der Regeln achten? Wenn Erinnerungen an die Abmachung nicht durchschlagen, Ermahnungen und Bestrafungen nichts fruchten und auch der Hinweis auf die Metaregeln erfolglos geblieben ist? Die Richtung ändern, indem man positiv verstärkt. Der Lehrer reagiert nicht mehr reflexartig auf Ärgerliches, sondern schärft seine Wahrnehmung für die Ansätze des erwünschten Verhaltens und setzt ein Belohnungssystem in Gang.

Dieser Vorschlag wird möglicherweise nicht sofort auf Zustimmung stoßen. Wer mit anderen Verfahren seine Erfolge eingefahren hat, bleibe beim Bewährten. Aber Pädagogen, die noch mitten in der leidvollen Erfahrung stecken, dass man im Wirbel des Alltags dazu neigt, „mehr desselben“ zu praktizieren (noch heftiger zu ermahnen, härter zu bestrafen, einen weiteren Brief an die Eltern abzuschicken), könnten sich angeregt fühlen, etwas anderes zu erproben.

Unaufwändig und nach wie vor bewährt sind die verschiedenen Formen von Anerkennungs- und Bonuspunkten, eine Spielphase gegen Ende der Stunde (der Einheit), das Anhängen einer beliebten Aktivität (Exkursion, Ortsbegehung) an eine „Durststrecke“ der gemeinsamen Tätigkeit.

Und außerdem ...

Den einfachen, bequemen Weg zum gemeinsamen Ziel gibt es nicht. In einem demokratisch verfassten Gemeinwesen stehen deshalb der Ausgleich unterschiedlicher (!) Interessen und die Fähigkeit zum Kompromiss obenan. Akzeptieren wir also den Pluralismus unserer Zeit, engagieren wir uns für ein gemeinsam erarbeitetes, attraktives Set an Zielen für die Zusammenarbeit und das Zusammenleben. Die folgenden Punkte helfen beim Formulieren.

So sollen Ziele sein:	SMART
S: simpel	Wählen Sie knappe, konkrete, präzise Angaben (zugleich gilt: s = schriftlich; schreiben Sie Ihr Ziel auf, so wird es verbindlicher).
M: messbar	An welchen Kriterien werden Sie ablesen können, ob und wann Sie Ihr Ziel erreicht haben?
A: attraktiv	Entdecken Sie das persönlich Reizvolle an der Zielsetzung, räumen Sie diffuse innere Einwände aus, die klammheimlich das Projekt scheitern lassen könnten.
R: realisierbar	Formulieren Sie Ihr Ziel auf der Grundlage Ihrer derzeitigen Fähigkeiten (Möglichkeiten), Kenntnisse und Informationen.

T: terminiert	Fixieren Sie einen Endtermin, an dem Sie das Vorhaben abgeschlossen haben wollen; ein gewisser Termindruck und die Unterscheidung nach kurzfristigen sowie langfristigen Zielen wirken sich hilfreich aus.

3.5 Die Belange der Klasse gemeinsam regeln: im Klassenrat

Schüler organisieren sich im Klassenrat

Der Klassenrat ist eine Versammlung aller Schülerinnen und Schüler (einschließlich des Klassenlehrers), in der die Teilnehmer ihre Meinung zu allen Themen, die zur Diskussion stehen, frei äußern, neue Themen einbringen und über das gemeinsame Lernen und Zusammenleben mitbestimmen und abstimmen können. Er dient zur Entscheidungsfindung bezüglich gruppen-, klassen- und schulspezifischer Anlässe und Problemsituationen, trägt zur Konfliktlösung bei und fördert basisdemokratische Entscheidungsprozesse.

Der Klassenrat geht auf den Reformpädagogen Célestin Freinet aus den zwanziger Jahren des 20. Jahrhunderts zurück. Seine pädagogischen Grundprinzipien zielen auf die freie Entfaltung der Persönlichkeit, die Selbstverantwortlichkeit des Kindes, die Kooperation und gegenseitige Verantwortlichkeit sowie die kritische Auseinandersetzung mit der Umwelt.

Die Themenvorschläge können mithilfe einer Wandzeitung gesammelt werden, deren Rubriken z. B. lauten: „Was uns gefallen hat", „Was uns nicht gefallen hat", „Wir schlagen vor" „Ich wünsche mir". Die Eintragungen werden mit dem jeweiligen Namen des Schülers unterzeichnet und im Klassenrat vorgetragen und kommentiert.

Weitere Möglichkeiten zum Sammeln der Themen bieten eine sogenannte Frageschachtel, ein Klassenratsbuch oder ein „Kasten für Kritik".

Der Klassenrat zielt auf das soziale Lernen ab: Er wird zum Aushandeln von Regeln und Vereinbarungen genutzt, zur Reflexion und zur Kontrolle (z. B. Einhaltung der Regeln). Konflikte, Beschwerden unter Schülern, aber auch auf der Schüler-Lehrer-Ebene werden im Klassenrat mit der Zielsetzung diskutiert, tragfähige Lösungen zu finden.

Um der Gefahr entgegenzuwirken, dass Klassenratsversammlungen zu Rundum-Beschwerdestunden ausarten, und um konstruktive Ansätze zu begünstigen, sollte die Vereinbarung getroffen werden, dass mit den Beschwerden gleichzeitig auch mögliche Alternativen formuliert werden müssen.

Solche Vereinbarungen werden protokolliert und unterschrieben; sie erhalten dadurch einen verbindlichen Charakter. Auf diese Weise werden sowohl die Gesamtsituation der Gruppe und das Sozialklima reflektiert als auch Toleranz und Kompromissbereitschaft eingeübt.[5]

Weitere Beispiele für die Behandlung von Themen im Klassenrat wären das Außenseiter-Problem, die Verbesserung der Unterrichtsqualität sowie die Unterrichtsgestaltung, die Einbeziehung aktuell auftretender außerschulischer Themen in den Unterricht, Lehrerbewertungen, Umgestaltung der Sitzordnung.[6]

Um Probleme innerhalb des Klassenrats zu thematisieren, müssen diese innerhalb eines gewissen Zeitraumes (meist eine Woche) von den Schülern gesammelt und auf einer Wandtafel, im Klassenratsbuch usw. unter Vermerk des Problems sowie des Namens festgehalten werden. Der Vorteil dieser Vorgehensweise liegt einerseits darin, dass sich die Schüler mit Beschwerden und Streitigkeiten bis zum nächsten Treffen gedulden müssen und bis dahin eine gewisse Beruhigung eingetreten sein kann. Andererseits gewinnen die Schüler solchermaßen einen emotionalen Abstand zu ihrem Problem, was sich wiederum positiv auf die sachliche Klärung auswirkt. So erfahren sie auch, dass Probleme nicht sofort gelöst werden müssen und ihre Bearbeitung aufgeschoben werden kann.

Der zeitliche Rahmen für die Klassenratssitzung sollte genau festgelegt werden; sie sollte einmal wöchentlich stattfinden. Die Dauer der Diskussion hängt vom Alter der Kinder ab. Im 2. bis 5. Schuljahr empfiehlt es sich, eine Länge von 20 bis 30 Minuten nicht zu überschreiten. Älteren Schülern sollte eine Diskussionszeit von 40 bis 50 Minuten zur Verfügung stehen.

Zu Beginn versammeln sich die Schülerinnen und Schüler im Sitzkreis. Der Klassenrat wird anfangs vom Lehrer geleitet, nach und nach werden verschiedene Ämter von Schülern übernommen. Die Schüler übernehmen durch die Rollenverteilung auch die entsprechenden formelhaften Redewendungen, z. B. *„Wir beginnen jetzt mit Punkt 1 der Tagesordnung“, „Will zu diesem Punkt noch jemand etwas Wichtiges sagen?“, „Ich schließe jetzt den Tagesordnungspunkt 1 ab. Welches Ergebnis können wir im Protokoll festhalten?“*

5 http://bidok.uibk.ac.at/library/niedermair-schule4e.html
6 http://www.uni-koeln.de/ew-fak/konstrukt/didaktik/klassenrat/klassenrat_beispiel.html

Zur Vorbereitung und Einstimmung auf den Klassenrat ist eine Anerkennungsrunde gedacht. Für die meisten Schülerinnen und Schüler ist es ungewohnt, Anerkennung auszudrücken. Als Lehrer könnte man im Vorfeld Beispiele sammeln, die sich auf konkretes Verhalten beziehen statt auf allgemeine Aussagen. Auch könnte die Lehrkraft hervorheben, wie gegenseitige Anerkennung helfen kann, eine positive Atmosphäre von wechselseitiger Unterstützung zu schaffen. Als Hilfe kann der Lehrer (bei Grundschulkindern) eine Formel einführen, mit der jedes Kind seine Anerkennung beginnt: *„Ich möchte ... (Name) meine Anerkennung dafür ausdrücken, dass sie (oder er) ... (etwas Bestimmtes) getan hat."*

Im Anschluss an die Anerkennungsrunde wird an die letzte Klassenratssitzung angeknüpft. Die vereinbarten Beschlüsse werden nochmals aus dem Klassenratsbuch vorgelesen (Protokollvorleser) und es wird überprüft, ob und inwieweit die Lösungsvorschläge umgesetzt wurden. Zuerst werden die Betroffenen mit der Frage konfrontiert, ob es gelungen ist, die Lösungsvorschläge zu befolgen und auszuprobieren. Eine weitere Frage, die der Gesprächsleiter an seine Mitschüler richtet, lautet: *„Wollen wir diese Vereinbarung beibehalten?"*

In dieser Runde werden die Probleme der Tagesordnung erläutert und diskutiert. Diejenigen, die am Problem beteiligt sind, müssen gefragt werden, ob sie bereit sind, darüber im Klassenrat zu sprechen, denn das Problem darf nur im gegenseitigen Einverständnis erörtert werden.

Die Reihenfolge der Problembearbeitung richtet sich chronologisch nach der Eintragung. Nur in Ausnahmesituationen können dringende Fälle vorgezogen oder bei Abwesenheit gesprächsbereiter Schüler auf das nächste Mal vertagt werden. Schüler, die einen Eintrag in das Klassenratsbuch vorgenommen haben, werden aufgefordert, das Problem aus ihrer Sicht zu schildern (*„Worin besteht das Problem?"*). Weiterhin werden die Mitschüler animiert, sich in die Situation der am Konflikt beteiligten Personen hineinzuversetzen (*„Wie ist die Sicht auf das Problem aus verschiedenen Perspektiven? Wer kennt bereits ein solches oder ähnliches Problem?"*).

Auf diese Weise können die Mitschüler die Perspektive der Beteiligten und den emotionalen und sachlichen Gehalt der Auseinandersetzung besser nachvollziehen, und die verschiedenen Sichtweisen auf den Sachverhalt werden verständlich. Der am Problem beteiligte Schüler wird aufgefordert, einen Lösungsvorschlag zu machen. Auch die Mitschüler dürfen ihre Ideen einbringen. Die Betroffenen werden nun gefragt, welche der Problemlösungsvorschläge sie angemessen finden und für eine Woche ausprobieren möchten. Außerdem wird über die Zielsetzung der Klärung abgestimmt, um herauszufinden, ob die Mehrzahl der Schüler mit dem Vorschlag zufrieden ist. Die gefundene Lösung stellt demnach einen Kompromiss dar.

Der Protokollschreiber ist dafür verantwortlich, die Beschlüsse schriftlich festzuhalten. Sie sind für mindestens eine Woche verbindlich und werden in der nächsten Sitzung abermals vorgelesen und auf ihre Einhaltung überprüft, bekräftigt oder verworfen.

Man sollte jedoch bedenken, dass viele Konflikte nicht mit einer einmaligen Erörterung zu lösen sind und deshalb einer neuen Diskussion und Bearbeitung bedürfen. Es ist unerlässlich, für den Klassenrat verbindliche Regeln aufzustellen, so darf z.B. immer nur ein Kind sprechen. Während es spricht, darf es keine Wortmeldungen geben, damit das Kind die Möglichkeit hat, sich voll und ganz darauf zu konzentrieren, seine Sichtweise darzulegen, und sich nicht unter Druck gesetzt fühlt. Erst wenn die Schülerin oder der Schüler zu Ende gesprochen hat, dürfen sich die Mitschüler und der Lehrer zu Wort melden.

Die Einhaltung der Gesprächs- und Verhaltensregeln kann beispielsweise durch Beobachter abgesichert werden. Die Probleme müssen ernsthaft diskutiert werden, um effektive Vorschläge zu gewährleisten, und die Aufmerksamkeit aller ist eine Vorausetzung hierfür. Das Verhalten sollte von gegenseitiger Rücksichtnahme und Toleranz geprägt sein.

Für die Ämtervergabe können Aufgabenkarten verteilt werden, um die Übernahme eines Amtes zu symbolisieren. Die Schüler müssen darauf achten, dass alle Teilnehmer jedes Amt einmal übernommen haben. Der Gesprächsleiter ist für die Verteilung der Aufgabenkarten verantwortlich, er achtet auf den Ablauf der Klassenratssitzung. Er beginnt mit dem Satz „Ich eröffne den Klassenrat", nimmt die in der Regel schriftlich formulierten Anliegen einzelner Schüler entgegen und legt sie dem Klassenrat zur Diskussion vor. Außerdem ruft er Wortmeldungen auf und achtet auf den vereinbarten Verlauf: die Anerkennungsrunde, die Tagesordnungspunkte, Abstimmung der Lösungsvorschläge sowie das Verlesen der Beschlüsse. Hierzu kann er sich an dem Merkblatt orientieren.

Der Zeitwächter achtet auf die festgelegte Zeiteinteilung und erinnert den Gesprächsleiter fünf Minuten vor Schluss an die verbleibende Zeit.

Der Protokollvorleser stellt das Protokoll der vorherigen Woche nochmals vor und weist auf unerledigte Themen hin. Außerdem erkundigt er sich danach, ob die Umsetzung der Beschlüsse gelungen ist.

Die Beobachter haben die Aufgabe, Störungen während der Diskussion mithilfe von Strichlisten zu notieren und diese am Ende der Stunde zu besprechen. Der Protokollschreiber fixiert mithilfe des Formulars die diskutierten Lösungsvorschläge der Sitzung und hält die Beschlüsse schriftlich fest.[7]

Der Lehrer muss so lange die führende Rolle übernehmen, die Gruppe in die Ämter einüben, bis die Schüler damit vertraut sind. Dann erst kann er

7 http://www.bobi.net/msm/klassenrat/KlaRa.htm

zurücktreten und als Mitglied der Gruppe teilnehmen. Dennoch bleibt sein Einfluss auf die Klasse durch Vorschläge oder gezielte Fragen – die die Schüler zu logischem Denken führen sollen – weiterhin bestehen. Ohne ein solches Training erlangen die Schüler keine Einsicht in ihr Verhalten. Ist es einem Schüler nicht gelungen, seine Meinung klar genug auszudrücken, kann der Lehrer nachfragen und ihn unterstützen. Außerdem besteht für den Lehrer die Möglichkeit, dafür zu sorgen, dass von Zeit zu Zeit die Ergebnisse durch gezielte Fragestellungen deutlich gemacht und festgehalten werden: „Wovon sind wir ausgegangen?" – „Was hat sich bisher dazu ergeben?" – „Was bleibt weiterhin zu fragen?"

Der Lehrer sollte zwei Grundprinzipien beachten, um den Klassenrat in seiner eben beschriebenen Funktion und Leistungsfähigkeit nicht zu gefährden:

1. Der Klassenrat darf nicht als weitere Plattform für Belehrungen und Moralpredigten benutzt werden. Es ist wichtig, so objektiv und vorurteilsfrei zu sein wie möglich.
2. Der Klassenrat darf nicht als Tarnung für zusätzliche übermäßige Kontrolle missbraucht werden. Kinder durchschauen solche Tricks und verweigern die Kooperation.[8]

3.6 Mit Schülern in den Dialog treten – gegenseitige Rückmeldungen

„Das war ja nicht gerade das Gelbe vom Ei!" ist ein Kommentar, mit dem die Schüler so manches Unterrichts- und Lernangebot der Lehrer bedenken. Es ist lohnend, eine oftmals unterschwellige Kritik transparenter zu machen. Allerdings: Eine Rückmeldung löst häufig Ängste aus. Die Lehrerin oder der Lehrer fühlt sich ungerecht behandelt. Dem Feedback-Geber wird misstraut oder er wird abgelehnt. Offen und couragiert die Situation im Klassenraum ansprechen, dabei aber nicht gleich die Brücken zum Gesprächspartner abreißen, ihm bei allen Unterschieden in den Rückmeldungen mit Respekt begegnen: Das will geübt sein – und wo Menschen zusammen arbeiten und leben, sind alle für das Gelingen der Kooperation verantwortlich.

Bisher wird in der Schule eine Rückmeldung eher einseitig gegeben: Die Lehrkräfte beurteilen die Leistungen und das Verhalten ihrer Schüler. Soll auch die Gegenseite zum Zug kommen, müssen Formen und Situationen geschaffen werden, mit deren Hilfe die gemeinsame Arbeit eingeschätzt und gegebenenfalls modifiziert werden kann.

8 http://www.s.shuttle.de/s/emg/Kl_Rat/KLASSRAT.HTM.TAGESORDNUNG

Probleme mit dem Feedback: Wahrnehmung, Interpretation und Gefühle vermischen sich

Wahrnehmen heißt z.B. etwas sehen oder hören. Das Wahrgenommene wird dann mit einer Bedeutung versehen, also interpretiert. Ein Blick wird etwa als „abfällig“ gedeutet oder eine Frage als Kritik. Diese Interpretation kann richtig oder falsch sein.

Das Wahrgenommene und Interpretierte wird schließlich mit einem eigenen Gefühl verknüpft, wobei die eigene seelische Befindlichkeit mit darüber entscheidet, was für ein Gefühl ausgelöst wird (z. B. Wut angesichts des „abfälligen Blickes“). Diese drei Vorgänge werden oft nicht auseinandergehalten: Sie verschmelzen zu einem Durcheinander.

Realitätsüberprüfung von Phantasien

Oft reagiert man gar nicht auf andere Menschen, wie sie sind, sondern auf die Phantasien, die sie im eigenen Kopf auslösen: „Er sieht müde aus, ich sollte ihn jetzt nicht mit Problemen belasten.“ – „Ich werde sie nicht anrufen, bestimmt würde sie sich belästigt fühlen.“

Es gibt zwei Möglichkeiten, mit Phantasien umzugehen. Man kann sie für sich behalten und das eigene Verhalten danach ausrichten – oder sie mitteilen und auf ihre Realität hin überprüfen („Ich vermute, du bist müde und willst jetzt nicht über ... reden – stimmt das?“).

Dies ist eine wichtige Schaltstelle der zwischenmenschlichen Kommunikation. Zum einen werden hier die Weichen für eine klare inhaltliche Verständigung gestellt; zum anderen entscheidet sich damit aber auch die Frage von Kontakt und Isolation. Wenn man seine Vermutungen von vornherein als zutreffend annimmt und sie für sich behält, unterbricht man den Kontakt und bleibt isoliert im selbst erbauten Käfig der eigenen Phantasien. Ein schlagendes Beispiel gibt Paul Watzlawick in einem Text über Nachbarschaftshilfe.

Die Geschichte mit dem Hammer oder The proof of the pudding is the eating (Jaap van Lakerveld)

„Ein Mann will ein Bild aufhängen. Den Nagel hat er, nicht aber den Hammer. Der Nachbar hat einen. Also beschließt unser Mann, hinüberzugehen und ihn auszuborgen. Doch da kommt ihm ein Zweifel: Was, wenn der Nachbar mir den Hammer nicht leihen will? Gestern schon grüßte er mich nur so flüchtig. Vielleicht war er in Eile. Aber vielleicht war die Eile nur vorgeschützt, und er hat etwas gegen mich. Und was? Ich habe ihm nichts angetan; der bildet sich da etwas ein. Wenn jemand von mir ein Werkzeug borgen wollte, ich gäbe es ihm sofort. Und warum er nicht? Wie kann man einem Mitmenschen einen so einfachen Gefallen abschlagen? Leute wie dieser Kerl vergiften einem das Leben. Und dann bildet er sich noch ein, ich sei auf ihn angewiesen. Bloß weil er einen Hammer hat. Jetzt reicht's mir wirklich. – Und so stürmt er hinüber, läutet, der Nachbar öffnet, doch noch bevor er ‚Guten Tag' sagen kann, schreit ihn unser Mann an: ‚Behalten Sie Ihren Hammer, Sie Rüpel!' " (WATZLAWICK, 1995.)

In der Kommunikationslehre steht der Terminus Feedback für den Vorgang der Rückkoppelung in einem Regelkreis: Auf freiwilliger Basis vereinbarte Aussagen treffen auf Erwartungen, werden zurückgemeldet und bestimmen wiederum die neue Mitteilung. In unserem Zusammenhang geht es um die Vorgänge „Themen ansprechen", „Stellung nehmen", „Position beziehen". Die für das „klassische" Feedback geltenden Regeln erweisen sich auch hier als hilfreich.

Die Spielregeln für wirksames Feedback können wie folgt zusammengefasst werden.

Für den, der Feedback erteilt:

- Beziehe dich auf konkrete Einzelheiten, auf Material der Hier-und-jetzt-Situation.
- Beziehe dich auf Verhalten, beurteile nicht die Person.
- Unterwirf deine Beobachtung der Nachprüfung durch andere.
- Gib die Rückmeldung so bald als möglich.
- Vermeide moralische Bewertungen und Interpretationen.
- Biete deine Information an, zwinge sie niemandem auf.
- Sei offen und ehrlich.
- Räume ein, dass du dich möglicherweise irrst.

Für den, der Feedback erhält:

- Nicht argumentieren und verteidigen,
- Nur zuhören, nachfragen und klären.

Die Wirksamkeit der Hilfe hängt auch von der Offenheit des Empfängers ab.

Welche Arten von Problemen machen es für zwei Menschen schwierig, sich in einer Unterhaltung ausreichend zu verstehen?

Häufige Fehler auf der Seite des Sprechenden

- Organisiert seine Gedanken nicht, bevor er spricht
- Drückt sich ungenau aus
- Versucht, zu viel in einer Aussage unterzubringen, sodass sie verwirrend wirkt. Wirksamkeit nimmt mit der Kürze zu.
- Bringt zu viele Ideen in seine Äußerungen ein, oft untereinander nicht verbunden, sodass eine Zusammenfassung oder eine Gewichtung für den Partner schwierig ist

- Redet aus Unsicherheit immer weiter, ohne die Auffassungskapazität seines Partners abzuschätzen. Die fehlende Resonanz auf sein langes Sprechen erhöht in ihm ein Bestätigungsbedürfnis, das unbefriedigt bleiben muss.
- Übersieht bestimmte Punkte der Antwort des vorausgegangenen Sprechers und antwortet daher nicht aktuell zu dem, was zuvor gesagt wurde: Das Gespräch kommt nicht vorwärts.

Häufige Fehler auf der Seite des Zuhörers

- Bringt dem Sprechenden nicht seine ungeteilte Aufmerksamkeit entgegen
- Denkt schon an seine Antwort und probt sie, statt aufmerksam zuzuhören. „Erfolg“: Er kann nicht vollständig wiederholen, vergisst, was gesagt ist und was er sagen will
- Neigt eher dazu, auf Details zu hören und sich über sie zu erregen, anstatt den ganzen Sinn und die wesentlichen Mitteilungen zu erfassen
- Denkt den Gedanken des Sprechenden schon weiter, wiederholt mehr, als der Partner gesagt hat
- Versucht, weniger Vertrautes in seine eigenen (üblichen) Denkschemata einzuordnen

Wir müssen uns klarmachen, dass viele Sachverhalte von Natur aus mehrdeutig sind, verschiedenartige Wahrnehmungen also nicht nur möglich, sondern geradezu zwingend erscheinen. Es wäre also unsinnig, dann von „Richtig“ oder „Falsch“ zu sprechen.

Dass mitunter nur gezieltes Nachfragen Mehrdeutigkeiten ausräumen kann, zeigt folgendes Beispiel. Der Lehrer sagt: „Die Aufmerksamkeit Ihres Sohnes könnte noch gesteigert werden!“ Die Eltern grübeln. Heißt das „Noch“, dass sie schon etwas gestiegen ist, oder gar, dass sie schon erheblich gestiegen ist und nur noch ein bisschen steigen sollte? Will er das machen – oder erwartet er es von uns? Aber vielleicht möchte er uns auf diese Weise nur schonend beibringen, dass der Kerl überhaupt nicht aufpasst, schließlich drücken die sich ja immer etwas vorsichtig aus.

Thomas Gordon hat schon in den siebziger Jahren darauf hingewiesen, dass Verständigung erst gelingen kann, wenn die Partner offen über ihre Wünsche und Vorstellungen sprechen. Ihm geht es um Konfliktlösungen, die mit einem alten Modell Schluss machen: dass der eine triumphierend seinen Sieg feiert und der andere verärgert mit einer Niederlage fertig werden muss.

Professionell handeln: Schüler-Feedback nutzen

Die von vielen Kollegien inzwischen bevorzugte Vereinbarungskultur als Bestandteil der Schulentwicklung kann auf Rückmeldungen der Schülerinnen und Schüler nicht verzichten. Um von den Vorzügen dieses Instruments uneingeschränkt zu profitieren, empfiehlt es sich, unerwünschte, verzerrende Nebeneffekte zu analysieren und zu vermeiden. In der Fachliteratur zu diesem Thema wird die Aussagekraft von Schüler-Rückmeldungen mit den folgenden Hinweisen relativiert:

- Schülerinnen und Schüler beurteilen Vorgänge und Sachverhalte des Schulalltags sowie Verhaltensweisen von Lehrkräften eher spontan und unreflektiert (sie sind ja keine ausgebildeten pädagogischen Fachkräfte).
- Die Stellungnahmen orientieren sich im Normalfall auch nicht an gemeinsam erstellten, sachdienlichen Kriterien.
- Möglicherweise gründen die Antworten einiger Schülerinnen und Schüler auf der Vermutung, der Lehrer wolle genau dies (nicht) hören.
- Da die Wahrnehmung desselben Sachverhalts sich individuell stark unterscheidet, muss man mit negativen Übertreibungen, aber auch mit Beschönigungen rechnen; bei den Angaben handelt es sich also zum Teil um sogenannte weiche Daten.
- Auch die inneren Werte-Kataloge der unterschiedlichen Cliquen und Freundesgruppen können während der Befragung Einfluss gewinnen („Ich gucke mal, was meine Freundin geantwortet hat.").
- Die Ergebnisse sind eventuell durch die Beliebtheit beziehungsweise Unbeliebtheit einer Lehrkraft eingefärbt.

Diese Einschränkungen können mit Gelassenheit einkalkuliert werden, wenn das Interesse der Lehrkraft auf die Weiterentwicklung der Unterrichtsgestaltung oder auf die Entwicklung der Klasse zu einer erfolgreichen Lerngemeinschaft gerichtet ist. Geht es dagegen um die Ermittlung der Unterrichtsqualität – zum Beispiel in bestimmten Fächern –, stellen Schüler-Rückmeldungen ein notwendiges, aber allein nicht hinreichendes Instrument dar. Die tatsächlich erreichten Lernergebnisse, die Noten aus Vergleichsarbeiten und weitere relativ harte Fakten sollten als Ergänzung hinzutreten.

Wie häufig in der Pädagogik zu beobachten, steht auch die Aktion „Feedback einholen" in der Gefahr, durch engagierte, aber nicht genügend reflektierte „Probeläufe" zu einem rein äußerlichen, rasch ritualisierten Vorgang zu werden, vor allem mithilfe vorgefertigter Fragebögen. Diese locken mit einem kräfte- und zeitsparenden Vorgang, denn nun genügt es ja, den Drucker in Gang zu setzen. Bei näherem Hinsehen nimmt man mit einem lachenden und einem weinenden Auge zur Kenntnis, dass

- Muster-Fragebögen mittlerweile in großer Zahl zur Verfügung stehen,
- geeignete Fragenkataloge schon seltener sind,
- die Anpassung eines Musters an die spezifischen Gegebenheiten der eigenen Situation viel Arbeit erfordert und Mühe macht,
- die Auswertung ebenfalls Kraft und Zeit beansprucht,

- vor allem aber die Umsetzung in die Praxis, die spätere Überprüfung des Erfolgs und die eventuell nötig werdende Neu-Justierung der veränderten Struktur eine enorme Herausforderung darstellen, weil diese Maßnahmen neben dem üblichen Tagesgeschäft mit langem Atem realisiert werden müssen.

Auch hier gilt also das Prinzip „Das Mittel folgt dem Zweck". Bevor man den Schülern Fragen stellt oder sie gar einen vorgefertigten Bogen ausfüllen lässt, steht die Erkundung der eigenen Position und der Situation in dieser ganz speziellen Schule (Klasse) im Vordergrund: Von welchem Hintergrund aus wünschen wir uns Rückmeldungen der Schülerinnen und Schüler? Was wollen wir mit den Ergebnissen anfangen?

Bei der Durchführung des Feedbacks sollte man

- *den Zeitpunkt richtig wählen:* mit einigem zeitlichen Abstand von Klassenarbeiten, nicht am letzten Schultag vor den Ferien, nicht als Lückenfüller zwischen vermeintlich Wichtigerem;
- *das Klima in der Klasse berücksichtigen:* Es ist wenig ratsam, ein Feedback einzuholen, wenn gerade ein Konflikt in der Klasse schwelt; dieser überformt dann möglicherweise das eigentliche Anliegen;
- *die Methoden anpassen, ohne Perfektionismus zu betreiben:* Gute Methoden sind wichtig, aber keine Garantie für den Erfolg;
- *die Bereitschaft der Beteiligten erkunden:* Ein Schüler-Feedback sollten Sie nur dann einholen, wenn zu erwarten ist, dass die Sache ernst genommen wird;
- *schlanke Verfahren wählen:* Ein Feedback darf keine aufwändigen Arbeitsgänge erfordern, und die eingesetzten Verfahren sollten den Beteiligten unmittelbar verständlich sein;
- *die Fragen vorab mit einem Kollegen durchgehen, um Formulierungsschwächen und falsche Fragerichtungen aufzuspüren.*

Ein Beispiel für einen bewährten Musterfragebogen ist der sogenannte Linzer Diagnosebogen zur Klassenführung (LDK). Im Folgenden bringen wir eine Zusammenfassung der Fragen, die auch im Internet – zugeschnitten auf verschiedene (österreichische) Schultypen – zu finden sind.

Fragebogen I zur Klassensituation

Unterricht gestalten

- Sie/Er kann sehr viel in ihrem/seinem Fach.
- Sie/Er beginnt jede Stunde freudig und zuversichtlich.

- Sie/Er gliedert die Unterrichtsstunde in Abschnitte, die gut aufeinander abgestimmt sind.
- Bei ihr/ihm wissen wir genau, was wir zu arbeiten haben.
- Sie/Er unterrichtet interessant.
- Was wir bei ihr/ihm lernen, bringt auch etwas für unser späteres Leben.
- Wenn sie/er etwas verspricht oder ankündigt, dann hält sie/er das auch ein.

Beziehungen fördern

- Sie/Er tut vieles, damit wir eine gute Klassengemeinschaft werden.
- Wir reden mit ihr/ihm auch über den Unterricht und über die Klasse.

Sie/Er versucht, uns auch dann zu verstehen, wenn wir ihr/ihm einmal Schwierigkeiten machen.

- Sie/Er ist zu uns offen und ehrlich.
- Ich glaube, sie/er mag uns.
- Sie/Er ist ausgeglichen und humorvoll.
- Sie/Er lässt uns vieles selbst entscheiden.

Verhalten kontrollieren

- Sie/Er bemerkt alles, was in der Klasse vor sich geht.
- Sie/Er kontrolliert laufend, wie wir arbeiten und was wir können.
- Sie/Er äußert sich anerkennend, wenn sich Schüler so verhalten, wie sie/er es haben möchte.
- Sie/Er greift gleich ein, wenn ein Schüler zu stören anfängt.
- Sie/Er achtet darauf, dass wir im Unterricht immer beschäftigt sind.
- Wenn sich Schüler bei ihr/ihm falsch verhalten, müssen sie mit Bestrafungen rechnen.
- Bei ihr/ihm wissen wir genau, welches Verhalten sie/er von uns erwartet.[9]

Für die Auswertung dieses Fragebogens sind einige Hinweise nützlich:

1. Erläutern Sie den Schülern, was Sie vorhaben und warum Ihnen die Rückmeldungen wichtig sind. Falls Sie in dieser Klasse verschiedene Fächer unterrichten, sollen die Schüler bei der Beantwortung nur an eines dieser Fächer denken – und zwar an jenes, das Sie ihnen vorgeben.
2. Sichern Sie den Schülern Anonymität zu und gewährleisten Sie diese auch.
3. Sollte einem Schüler ein Satz unklar sein, soll er ihn auslassen. Soll er ihn auslassen oder ein Fragezeichen notieren.

9 Quelle: www.padl.ac.at

4. Während die Schüler den Fragebogen ausfüllen (alternativ: vorher zu Hause), schätzen Sie Ihr Verhalten in dieser Klasse und in diesem Fach selbst auf einem eigenen Fragebogen ein.
5. Werten Sie die Schülerantworten aus, indem Sie bei jeder Frage den Mittelwert aus den Einschätzungen aller Schüler berechnen.
6. Tragen Sie diese Mittelwerte und Ihre Selbsteinschätzung in den Fragebogen ein. Dadurch haben Sie die Möglichkeit, Ihre Selbsteinschätzung und die Schülereinschätzungen zu vergleichen.
7. Meist möchten die Schüler die Ergebnisse der Befragung erfahren. Im Allgemeinen wird es sehr sinnvoll sein, ihnen diese mitzuteilen und mit ihnen darüber zu reden.

Feedback im Klassenzimmer

Wolfgang Endres (1990) beschreibt einige einfache Rückmeldeformen für den Unterricht. Ein überdimensionales Spiegelei auf einem Plakat und ein paar Klebepunkte können hierzu einen guten Einstieg bilden. Das Eigelb wird zum Kern des Themas oder zu sonst einem Gradmesser erklärt. Alle Schüler kleben einen Markierungspunkt an die Stelle, wo sie ihren Standort sehen. Nähe oder Distanz zum Eigelb signalisiert ihr persönliches Urteil.

Eine differenziertere Variante bietet das Koordinatensystem. Gegen Ende einer Unterrichtseinheit können hier die Schülerinnen und Schüler nacheinander auf der Rückseite der Tafel ihr Markierungskreuzchen dort anbringen, wo es ihre individuelle Meinung zum vorgegebenen Aspekt zum Ausdruck bringt. Soll diese Form der Rückmeldung in gewissen Abständen öfter eingesetzt werden, kann sich jedes Kind ein eigenes Symbol zulegen.

Einen weiteren Schritt zum systematischen Feedback bietet das Ampelspiel. Jede Schülerin und jeder Schüler hat ein Kärtchen-Set Rot – Gelb – Grün. Nun werden Fragen gestellt oder Thesen formuliert, auf die alle Schüler mit dem Zeigen eines Antwortkärtchens reagieren. Rot bedeutet Verneinung oder Ablehnung, Grün signalisiert Bejahung oder Zustimmung und Gelb steht für Enthaltung.

Das ist nicht nur eine ausgezeichnete Methode, spontanes Feedback zu bekommen, sondern auch ein wirkungsvolles Instrument, alle Schüler zu aktivieren. Ganz abgesehen von dem Trainingseffekt, im Klassenzimmer und im Umgang miteinander öfter mal „Farbe zu bekennen." Deshalb hält auch der Lehrer beim Ampelspiel sein Kärtchen-Set in Händen. Dieses Spiel, in mäßiger Dosierung eingesetzt, wirkt sich außerdem günstig auf das Lernklima in der Klasse aus. Und obendrein macht es noch Spaß.

Ein Englischlehrer, der mit einer 11. Klasse im Nachmittagsunterricht die Lernbereitschaft und Lernfähigkeit durch ein Pausen-Experiment steigern wollte, wählte folgende Rückmeldung: Ein halbes Jahr lang unterbrach er seine Unterrichtsstunden zu verschiedenen Zeiten durch eine 5-Minuten-Pause. Diese Pause füllte er mit Entspannungsübungen. Seine guten bis sehr guten Erfahrungen mit diesen „produktiven Störungen“ führt er auf seine Einstellung zurück: „Ich ‚störe‘ meinen Unterricht, bevor es die Schüler tun.“

Hierin liegt auch ein wesentliches Merkmal guter Pausentechnik. Die Kurzpause zu einem Zeitpunkt, wo sie noch gar nicht unbedingt nötig wäre, erleichtert den Einstieg in die nächste Lernphase. Pausen sollten öfter bereits dann eingelegt werden, wenn das Weiterarbeiten durchaus noch Spaß machen würde.

Für eine umfassendere Rückmeldung ist nach wie vor der Fragebogen ein besonders geeignetes Hilfsmittel. Fragebögen, die in den Punkten „Unterrichtsgeschehen“ oder „Lehrerverhalten gegenüber der Klasse“ aufschlussreich sind, geben auch für die Auswahl von Lerntechniken und Lernhilfen nützliche Tipps. Zwei letzte Hinweise: Immer nur Fragen zu Aspekten stellen, die auch verändert werden können. Jede Frage signalisiert Änderungsmöglichkeiten. Keine pauschalen Fragen zum eigenen Lehrerhandeln stellen, sondern konkret formulieren: „Welche Bereiche meines Verhaltens helfen euch besonders gut beim Lernen?“

3.7 Rhythmisierung der Zeit, Absicherung der Regeln: Vom Nutzen der Rituale

Rituale ermöglichen unterschiedliche Lerneffekte. Die Schülerinnen und Schüler können zum Beispiel lernen, ihre Gefühle wahrzunehmen und auszudrücken, ein Gespräch konstruktiv zu führen, verschiedene Meinungen als Bereicherung in der Sache zu verstehen, Verantwortung zu übernehmen, sich in andere hineinzuversetzen, in einer Konfliktsituation versachlichende Strategien zu wählen. Die Schule sollte deshalb die folgenden Aufgaben wahrnehmen:

- wenige, aber feste Ordnungen in das unübersichtliche, zersplitterte Lebensfeld der Kinder einzuziehen,
- Regeln finden zu lassen und zu vereinbaren, von denen aus sie ihre Freiheit wagen können und nach denen alle Mitglieder der Gemeinschaft handeln, sodass man sich darauf verlassen kann. **R**outinen und **R**ituale einzuführen, die davon entlasten, die Welt ständig durch eigene moralische Entscheidungen neu ordnen zu müssen. **R**eviere zu bilden und die Verantwortung der Kinder auf etwas Bestimmtes zu begrenzen, sodass sie sie nicht nur zum Schein wahrnehmen. Und bei diesen **drei R** auch Vorbild zu sein: als Erwachsener selbst zu tun, was man getan sehen will.
- die Möglichkeiten der Schüler auszubauen, selbstständig etwas zu unternehmen.

Als gemeinschaftsförderndes Ereignis unterbricht das Ritual, die Wiederkehr einer formal wie inhaltlich vertrauten Veranstaltung, den unentwegt dahinfließenden Schulalltag. Dann stehen die sozialen Belange der Mädchen und Jungen im Mittelpunkt.

Ein Ritual strukturiert die Zeit, ruft die abgesprochenen Regeln in Erinnerung, lässt Vertrautheit entstehen und fördert das individuelle Sicherheitsgefühl, es „schweißt die Klassenmitglieder zusammen".

In einem Aufsatz zu diesem Thema empfiehlt Birte Friedrichs (2000), mithilfe „kleiner" Rituale für eine gute Klassengemeinschaft zu sorgen. Ein Klassentagebuch eignet sich zur Fixierung und späteren Sichtung der eigenen Geschichte. Jeder Schultag wird dokumentiert – und zu festgelegten Zeiten liest eine Schülerin oder ein Schüler daraus vor. Entwicklungen und Veränderungen werden erkennbar und bieten Ansatzpunkte für Reflexionsphasen.

Wenn die Geburtstage als kleine Feste gestaltet werden, fühlen sich die Kinder persönlich ernst genommen; ihre Freude und der Stolz, zu dieser Gemeinschaft zu gehören, fördern den sozialen Zusammenhalt der Lerngruppe.

Ihren Vorschlag, einen Klassennamen zu entwickeln, unterfüttert die Autorin durch fünf Realisierungsschritte:

1. Sammelphase: Infrage kommende Namen werden gut sichtbar notiert.
2. Kleingruppen finden ihren Favoriten: Welchen Namen wünscht sich die Gruppe? Was gefällt ihr an diesem Namen besonders?
3. Vorstellen der Favoriten, Diskussion, Einigung.
4. „Taufe": In Form eines kleinen Festes verleiht sich die Klasse den Namen. Feierlich wird ein zuvor von Schülern hergestelltes Schild für die Klassentür enthüllt.

5. Möglicherweise werden Ideen entwickelt, wie der Klassenraum in Anlehnung an den Klassennamen geschmückt werden kann.

Auf einer Versammlung am Wochenanfang können die Schüler vom Wochenende erzählen und absprechen, wer einen fehlenden (kranken) Mitschüler anruft; sie können sich die rotierenden Aufgaben in Erinnerung rufen und – falls noch Zeit übrig ist – selbst verfasste Texte vortragen.

Die positive Rolle des Klassenrats ist bereits gewürdigt worden (vgl. Kapitel 3.5). Im oben erwähnten Aufsatz finden sich weitere, sehr detaillierte Angaben zum Umgang mit diesem Gremium. Dem Gedanken der jeweils „maßgeschneiderten“ Förderung von Schülerinnen und Schülern sind die Mädchen- und Jungenkonferenzen verpflichtet (vgl. hierzu das aktuelle Stichwort von den „geschlechtsspezifisch orientierten Unterrichtsangeboten“). In den gleichgeschlechtlichen Gruppen kann gezielter und wohl auch offener über Belange geredet werden, die der „Gegengruppe“ weniger interessant oder weniger relevant erscheinen.

Im Schlussteil geht die Autorin auf einen besonders wichtigen Punkt ein, auf das allmähliche Verschwinden gut gemeinter, engagiert eingeführter Vorhaben im Räderwerk des Schulalltags. Als Beispiel dient die Etablierung und eventuelle Auflösung des Klassenrats.

Umgang mit dem Verblassen von Ritualen:

1. In der Klasse wird das schwindende Interesse am Klassenrat thematisiert und nach Gründen dafür gefragt.
2. Gemeinsam überlegt die Klasse, ob sie am Klassenrat festhalten möchte oder ob er abgeschafft werden sollte.
3. Wenn die Entscheidung für seine Abschaffung fällt, wird der Klassenrat mit einem kleinen Fest „verabschiedet“.
4. Im Rahmen dieser Feier wird die Bedeutung des Klassenrats in den zurückliegenden Jahren (in der zurückliegenden Zeit) vergegenwärtigt – etwa in Form eines Blitzlichtes:
   - Am Klassenrat hat mir besonders gefallen ...
   - Der Klassenrat war für mich wichtig, weil ...

   In diesem Zusammenhang werden ausgewählte Protokolle verlesen, die im Klassenrat im Laufe der Zeit entstanden sind.

Unser Resümee: Rituale sollten zum festen Bestandteil des Schullebens gehören, denn ohne sie – so ein Wort des Soziologen und Pädagogen Thomas Ziehe – verkommt die Schulzeit zum „Zeitbrei“. Und damit, wäre hinzuzufügen, blieben Chancen zur Förderung des sozialen Miteinanders ungenutzt.

3.8 Die Zusammenarbeit mit den Eltern: Verantwortlichkeiten und Erziehungsverträge

Die Mehrzahl der Eltern unserer Schülerinnen und Schüler wünscht sich eine aktive erzieherische Rolle der Schule, sie sind froh, wenn diese klare Strukturen vorgibt. Werden während der alljährlichen Elternsprechtage der mangelnde Fleiß oder disziplinarische Schwierigkeiten angesprochen (Sorgen bereiten vielleicht auch noch die Fehlquoten), so wünschen sich die Eltern meistens ein konsequentes Vorgehen der Schule, z. B. Vereinbarungen, die dann auch gemeinsam durchgesetzt werden.

Erziehungsvereinbarungen sind Maßnahmen einer Schule, die
- pädagogisch bewusst gestaltet,
- die Gestaltungsspielräume auch wirklich nutzt,
- auf die Zusammenarbeit mit Eltern und Schülern setzt,
- sich der Verantwortung stellt,
- sich zu einem Wertekonsens bekennt.

Erziehungsvereinbarungen sind keine Verträge im rechtlichen Sinne. Sie
- legen die Philosophie einer Schule offen,
- ermöglichen Schülern, Verantwortung zu übernehmen im Rahmen eines bekannten Regelwerks,
- ermöglichen es, über Erziehungsvorstellungen zwischen Schule und Elternhaus zu reden und die gemeinsame „Schnittmenge" zu ermitteln.

Erziehungsvereinbarungen sind keine Verträge im üblichen Sinn. Sie dienen dazu,
- die Partnerschaft zwischen Schule und Eltern zu untermauern,
- Schüler, Lehrer und Eltern darüber zu informieren, was die Schule von ihnen erwartet,
- den Beteiligten ein Bewusstsein für das eigene Handeln zu vermitteln,
- Erziehungsziele und Erziehungsmaßnahmen festzulegen.

Erziehungsvereinbarungen setzen voraus:
- den Austausch mit anderen Lehrern, mit Eltern und Schülern,
- eine Gesprächskultur,
- eine Feedback-Kultur,
- eine Evaluationskultur.

Brücken schlagen

Eltern können für ihre Kinder mehr erreichen, wenn sie wissen, was ihre Schule für die Schülerinnen und Schüler anstrebt und umgekehrt. Erziehungsverträge dienen dazu, eine Partnerschaft zwischen den Eltern, der Schülerschaft und der Schule zu bilden. Im Ergebnis sollten die Erziehungsverträge dazu beitragen, dass elterliche Unterstützung mehr geschätzt und als ein wichtiger Faktor der Erziehung von Kindern in der Schule angesehen wird.

In Erziehungsverträgen können Schulleitungen die Philosophie ihrer Schule offenlegen. Alle Beteiligten am Lehr- und Lernprozess einer Schule (einschließlich der Schulleitung) müssen wissen, was sie voneinander erwarten. Dies kann durch eine Umfrage sowie durch Diskussionen in der Schulkonferenz ermittelt werden.

In Großbritannien sind Erziehungsverträge seit dem 1. September 1999 obligatorisch. In einer Vorschrift ist festgelegt, dass

- die Schule ihre Werte und Zielvorstellungen beschreiben muss,
- die Schule alle Eltern nach ihren Erwartungen befragen muss, bevor Erziehungsverträge eingeführt werden,
- sich die Schule um die Unterschrift aller Eltern bemüht,
- die Schule die Erziehungsverträge den Eltern ausreichend erläutert,
- die Erziehungsverträge regelmäßig evaluiert werden.

Modelle von Erziehungsverträgen

Schulvertrag zwischen der Schule und den Schülern

Erziehungsverträge, die ausschließlich mit Schülerinnen und Schülern abgeschlossen werden, zielen darauf ab, diese zu disziplinieren. Punkte eines pädagogischen Programms spielen bei diesen Erziehungsverträgen keine Rolle. Sie wirken somit kontraproduktiv.

Erziehungsvertrag mit den Eltern

Um Eltern stärker in die Schule einzubinden, werden bei diesem Modell zu Beginn des jeweiligen Schuljahres sogenannte Schullaufbahnvereinbarungen getroffen. Die Schulen gehen auch bei diesen Erziehungsverträgen keine Verpflichtungen ein. Im Vordergrund solcher Erziehungsverträge steht, dass die Eltern angehalten werden sollen, sich zum einen verstärkt um ihre Kinder zu kümmern und zum anderen die Kommunikation mit der Schule zu verbessern.

Erziehungsvertrag zwischen Schule, Elternhaus und Schülern

Der Leitgedanke dieses Entwicklungskonzeptes ist die stärkere Einbeziehung und Mitwirkung von Eltern, Schülerinnen und Schülern. Beide Gruppen sollen mehr Verantwortung übernehmen und stärker in die Schule einbezogen werden. Durch den Vertragscharakter erfolgt eine starke persönliche Einbindung des jeweiligen Schülers. Der Vertragsmodus bedeutet auch: Gleichberechtigte Partner einigen sich auf gemeinsame Ziele.

Eine gute Schule zeichnet sich dadurch aus, dass sie die Lernenden nicht nur beim Erwerb von Wissen und Fertigkeiten, sondern auch bei der Entwicklung von Einstellungen und Verhalten unterstützt. Die Schule verpflichtet sich deshalb dazu, dass sie

- bei der Umsetzung der Lehrpläne (Rahmenpläne) eine den individuellen Bedürfnissen des Kindes entsprechende Förderung anbietet,

- das maximale Leistungsvermögen der Kinder herausfordert,
- sie zur Verantwortung erzieht und zur Ordnung anhält,
- die Kinder zu Hilfsbereitschaft, Höflichkeit und Teambereitschaft und einem freundlichen Auftreten animiert,
- sie so erzieht, dass sie erkennen, was Recht und Unrecht ist,
- die Eltern über alle generellen Themen bezüglich der Schule informiert (insbesondere bezüglich des Leistungsvermögens der Kinder),
- die Eltern als Gäste akzeptiert und dafür Sorge trägt, dass sie Möglichkeiten erhalten, in das alltägliche Leben der Schule integriert zu werden.

Am Ende des Schuljahres führen die Eltern, die Schülerinnen und Schüler ein Gespräch mit der Klassenlehrkraft, um über den Erfolg der getroffenen Vereinbarung zu beraten und Schlüsse für das weitere Vorgehen zu ziehen. Eine Beratung der Schulen ist vor Einführung von Erziehungsverträgen sehr sinnvoll. Folgende übergreifende Aspekte wären zu berücksichtigen:

1. Eltern sowie Schülerinnen und Schüler sollten zunächst befragt werden, was sie von einer guten Schule erwarten.
2. Die Erwartungen sind gemeinsam zu diskutieren (z.B. in der Schulkonferenz).
3. Es ist zu überlegen, wie Eltern in die Schul- und Unterrichtsarbeit einbezogen werden können.

An Einzelfragen wäre zu klären:

- Wie kann ein Erziehungsvertrag mit jenen Eltern abgeschlossen werden, die nicht am Schulleben teilnehmen wollen?
- Wie können Eltern ihren Kindern pädagogisch sinnvoll helfen?
- Welche Unterstützung benötigen die Eltern?
- Welche Aufmerksamkeit wird der Elternarbeit an der Schule eingeräumt?
- Wie wird die Elternarbeit unterstützt?
- Wie geht die Schule mit Meinungen von Schülerinnen und Schülern um?

Fritz Scheller-Krabusch hat anhand von Schlüsselsituationen im Ablauf eines Schultages deutlich gemacht, wie die Schritte zu einem Erziehungsvertrag aussehen können. Dieser Beitrag eignet sich auch für einen Dialog zwischen Elternhaus und Schule ohne Vertrags-Ziel.[10]

Erziehungsverträge

Das „Bündnis für Erziehung“ hat die Diskussion der Schulen über Bildungs- und Erziehungsverträge aufgegriffen (Forum „Verträge verbinden“ am 04.12.2002). Hier einige Einzelheiten:

10 Quelle: http://www.ler-gesamtschulen-nrw.de/ler-info/aktuell/1-03/krabusch.doc

Mit über 180 Teilnehmerinnen und Teilnehmern aus Familienbildung, Jugendarbeit, Schulen und Elternverbänden fand das international ausgerichtete Forum des Bündnisses für Erziehung zu Bildungs- und Erziehungsverträgen am 4. Dezember in Düsseldorf eine große Resonanz. Ministerin Ute Schäfer betonte in ihrer Eröffnungsrede, dass für die gute Arbeit in Schule, Jugendarbeit und Kindergarten entscheidend sei, dass die Verantwortlichen zusammenarbeiten:

„Gerade weil fachlicher Unterricht und Erziehung eng zusammengehören, dürfen die Eltern keine passiven Zaungäste der Schule sein. Sie entscheiden immer durch ihre Erziehung und ihre Vorbildfunktion mit über eine erfolgreiche Entwicklung ihrer Kinder."

Im ersten Teil der Tagung stellten Prof. Dr. Volker Krumm (Österreich), Margreth Cueni (Schweiz) und Dr. Gunther Olesch (Phoenix Contact Blomberg) vor, was Bildungs- und Erziehungsverträge leisten, um die Partnerschaft von Schülern, Eltern und Schule in der Bildungs- und Erziehungsarbeit der Einzelschule zu begründen.

Zum Abschluss der Veranstaltung setzten sich die Workshops aus der Perspektive von Schülerinnen und Schülern, Lehrkräften und Eltern mit Bildungs- und Erziehungsverträgen auseinander.

- Auf dem Weg von einer Verordnungskultur zu einer Beziehungskultur sind Bildungs- und Erziehungsverträge ein wichtiger Schritt, sie erfordern ein deutliches Umdenken.
- Bildungs- und Erziehungsverträge stellen eine gute Chance dar, Lernprobleme und Erziehungsprobleme in der Schule als eine Einheit zu verstehen und zu behandeln.
- Mit Bildungs- und Erziehungsverträgen können in Erziehungsfragen ohne wechselseitige Schuldzuweisungen Entwicklungen eingeleitet werden, die zu positiv fundierten Verhaltensvereinbarungen führen.
- Bildungs- und Erziehungsverträge brauchen ein entsprechendes Umfeld im Schulleben und im Unterricht. Als isolierte Maßnahme sind sie nicht sinnvoll.
- Bildungs- und Erziehungsverträge können nicht alle erzieherischen Problemlagen, die in der Schule auftreten, bewältigen. Wenn die Schule sich damit nicht überfordern will, brauchen Bildungs- und Erziehungsverträge unter Umständen eine Ergänzung und eine Unterstützung der Schule durch außerschulische Beratung und Hilfe, z.B. durch die Unterstützung von Schulsozialarbeit und Jugendhilfe.[11]

11 Alle Beiträge des Forums sind abrufbar unter: http://www.bildungsportal.nrw.de/BP/Schule/Erziehung/buendnis/discussion/Forum_Vertraege/index.html

3.9 Mit dem Schultagebuch ein Band zwischen Schülern, Lehrern und Eltern knüpfen

Das Schultagebuch ist ein vielfältig verwendbares Kontroll- und Kommunikations-Medium: Dem Schüler dient es zur Orientierung und zur Selbstkontrolle, den Eltern ermöglicht es die kontinuierliche Verständigung mit der Schule.

Tägliche Aufzeichnungen:
– *Was habe ich heute gelernt?*
– *Was hat mir Spaß gemacht, was war nicht so angenehm?*
– *Was habe ich zu morgen auf?*

Information, Kommunikation, Dokumentation:
– *Wann schreibe ich die nächste Klassenarbeit?*
– *Auf welchen Tag fällt der Zoobesuch und wann gehen wir auf Klassenfahrt?*
– *Was möchten meine Eltern dem Lehrer mitteilen?*
– *Worüber möchte der Lehrer meine Eltern informieren?*
– *Wie lautet die Vereinbarung (der Erziehungsvertrag) zwischen der Schule und meinen Eltern?*

Dem Informationsfluss den Weg bereiten: für Transparenz sorgen

Eingetragen werden alle (Haus-)Aufgaben und Termine (Klassenarbeiten, Ausflüge, Geldsammlungen usw.), aber auch kurze Mitteilungen der Lehrer an die Eltern und der Eltern an die Lehrer, deren Kenntnisnahme jeweils abzuzeichnen ist. Es enthält ferner die Grundlagen des gemeinsamen Arbeitens: die vereinbarten Regeln („Schulordnung") und den Erziehungsvertrag zwischen Lehrern, Schülern und Eltern.

In Zusammenarbeit – zum Beispiel – mit dem Kunstlehrer: dem Buch eine Form geben

So kann das Schultagebuch aussehen: DIN-A5-Format; Spiralheftung; kräftiger, glatter Einband; auf der Vorderseite das Schullogo.

In einem Inhaltsverzeichnis könnten die folgenden Aspekte erscheinen:
- Schulordnung und weitere organisatorische Angaben (Vereinbarungen),
- Erziehungsvertrag zwischen Schülern, Lehrern und Eltern,
- Mein Stundenplan,

- Meine Mitschüler (Klassenfoto); meine Lehrerinnen und Lehrer (Fotos),
- Wichtige Termine (Klassenarbeiten, Ausflüge, Klassenfahrt),
- Die Hausaufgaben (Datum, genaue Angaben zum Arbeitsauftrag),
- Mein Tagebuch: erfreuliche und unerfreuliche Erlebnisse im Unterricht.

Das Schultagebuch als externes Gedächtnis

Viele Eltern wünschen sich eine aktive erzieherische Rolle der Schule, zum Beispiel Erziehungsvereinbarungen. Auch hier ist wieder Zusammenarbeit gefragt.

Solche Vereinbarungen dienen dazu, die Partnerschaft zwischen den Verantwortlichen beider Seiten zu untermauern, den Schülern, Lehrern und Eltern klare Anhaltspunkte zu geben, was die Schule von ihnen erwartet. So vermitteln sie den Beteiligten ein geschärftes Bewusstsein für das eigene Handeln und fixieren grundlegende Erziehungsziele und Erziehungsmaßnahmen. Sie setzen allerdings auch den gedanklichen Austausch im Kollegium sowie Unterredungen der Pädagogen mit Eltern und Schülern voraus.

Im Ergebnis sollten die Verträge dazu beitragen, dass elterliche Unterstützung mehr geschätzt und als ein wichtiger Faktor der Erziehung von Kindern in der Schule angesehen wird.

Alle Beteiligten am Lehr- und Lernprozess einer Schule (einschließlich der Schulleitung) müssen wissen, was sie voneinander erwarten. Die „mehrheitsfähigen" Ziele können durch eine Umfrage sowie durch Diskussionen in der Schulkonferenz ermittelt werden. Die Konferenz sollte aber auch den Schülerinnen und Schülern ermöglichen, ihre eigenen Ziele festzulegen, ihr Lernen selbstständig zu organisieren, ihre Lernfortschritte zu bewerten und ihre Strategien an neue Gegebenheiten anzupassen. Im Schultagebuch werden deshalb gemeinsam vereinbarte Ziele festgehalten, die aus den sogenannten Lernentwicklungsgesprächen hervorgegangen sind.

Solche Gespräche der Lehrkräfte mit den Schülern beruhen grundsätzlich auf Gegenseitigkeit: Alle Beteiligten tragen dazu bei, lernen wichtige Aspekte kennen und ziehen Konsequenzen daraus. Die Treffen werden regelmäßig durchgeführt (halbjährlich, häufig vierteljährlich) und dauern jeweils zirka eine halbe Stunde. Diese Zusammenkünfte bieten die Gelegenheit, über Erfahrungen, Wünsche und Ziele zu sprechen und zu erläutern, wie die Beteiligten den Unterricht, die Arbeit des Lehrers beziehungsweise des Schülers sowie die Klasse und die Schule erleben und einschätzen.

Die Gespräche beginnen mit einem Rückblick auf das vorangegangene Schulhalbjahr. Zuerst berichtet normalerweise der Schüler über seine Erfahrungen, Arbeitsergebnisse und Erwartungen. Er äußert sich über die Arbeit des Lehrers, der Klasse und der Schule. Dann nimmt der Lehrer zu diesen Aspekten Stellung.

In der zweiten Phase geht es um die zentralen Aspekte des Treffens. Lehrer und Schüler klären hier gemeinsam, wie die Arbeit und die Leistungen gesehen werden. Sie verständigen sich darüber, welche der Erfahrungen, Wünsche und gegebenenfalls auch Probleme für die weitere Arbeit von zentraler Bedeutung sind: Was von dem, was gesagt wurde, ist für die nächste Zeit besonders wichtig? Woran müssen wir (gemeinsam) arbeiten? Wo liegen besondere Probleme?

Schließlich gilt der letzte Teil des Gespräches der Problemlösung: Was kann/soll im nächsten Arbeitsabschnitt vom Lehrer und vom Schüler geleistet werden, wo liegen besondere Möglichkeiten und Aufgaben? Den Abschluss des Treffens bilden oft Vereinbarungen oder Absprachen für die Arbeit des nächsten halben Jahres. Diese Vereinbarungen gelten für Lehrer wie Schüler gleichermaßen. Beim nächsten Planungs- und Entwicklungsgespräch in einem halben Jahr prüfen Lehrer wie Schüler, ob die Vereinbarungen eingehalten werden konnten.

Zum Schluss hier die Erfahrungen einer Schule mit dem Schultagebuch:

- Von den Eltern und den Kindern ist das Tagebuch gut angenommen worden.
- Die Kinder (auch die Sonderschüler) haben nach kleinen anfänglichen Problemen (Wo schreibe ich was? Ich hab das Buch vergessen!) das Führen des Tagebuches gut „im Griff".
- Durch Kurzmitteilungen, die z.T. als Wunsch an die Kinder gerichtet waren, ein bestimmtes Verhalten (nicht) zu zeigen, sind die Eltern immer informiert; die Anzahl der Elternanrufe hat abgenommen.
- Auf Elternanfragen, die im Schultagebuch vermerkt waren, hat die Schule mit einer kurzen Mitteilung reagiert. Dies hat die Eltern offensichtlich zufrieden gestellt.
- Fachkollegen notieren im Tagebuch Mitteilungen an Schüler und Eltern. Dadurch laufen bei der Schulleiterin kaum noch Klagen über auffällige Kinder ein.
- Die Eintragungen in der Spalte „Wichtiges, an das ich in dieser Woche denken muss" sorgen dafür, dass nur verhältnismäßig selten Arbeitsmaterialien fehlen. Die Eltern informieren sich anhand dieser Rubrik über anstehende Arbeiten und weitere Termine.
- Konstruktives Verhalten der Kinder wird im Tagebuch notiert. Die Schüler werden auf diese Weise positiv verstärkt und lernen außerdem, sich besser einzuschätzen.
- In allen Fächern notieren die Lehrerinnen und Lehrer die vergessenen Hausaufgaben, sodass die Eltern einen Überblick über das Arbeitsverhalten der Kinder erhalten. Die Eintragungen helfen später, wenn das Zeugnis geschrieben wird, bei der Beurteilung des Arbeitsverhaltens insgesamt.

- Aus Elternsicht werde durch die hohe Anzahl der Eintragungen das Geschehen in der Schule durchschaubarer und ihr Kind könne sie nicht einfach mit einer Behauptung abwimmeln.
- Anfangs kostete es noch relativ viel Zeit, wirklich jede Sache sofort einzutragen, damit sie nicht im Laufe des Tages in Vergessenheit geriet. Mittlerweile geht das aber ganz schnell, da die Kinder ihr Tagebuch immer auf dem Tisch (bereits aufgeschlagen) liegen haben.

3.10 Mädchen sind anders – Jungen auch

Und drinnen waltet
Die züchtige Hausfrau,
Die Mutter der Kinder,
Und herrschet weise
Im häuslichen Kreise,
Und lehret die Mädchen,
Und wehret den Knaben.
(F. Schiller: Das Lied von der Glocke, 1799)

Die Tücken der Koedukation

Worin besteht Weisheit in Fragen der Pädagogik, in der Art und Weise also, „ein Kind zu führen“? Nach dem vorangestellten, gut zweihundert Jahre alten Text harren Mädchen aufnahme- und lernbereit der Dinge, die auf sie zukommen – und die Jungen haben vor allem eins im Sinn: unentwegt und ungebärdig gegen die Grenzen anzustürmen, die Erwachsene ihnen setzen wollen.

Die vor allem aus feministischer Perspektive vorgetragenen Klagen über die Unterdrückung der Mädchen durch rabiate Jungen haben mancherorts Lerngruppen hervorgebracht, die den Mädchen vorbehalten bleiben; sie sollen der ungestörten Entfaltung „weiblicher“ Wahrnehmungs- und Arbeitsweisen dienen. Dabei wird heutzutage keineswegs bestritten, dass es geschlechtsspezifische Unterschiede im Erleben und Agieren (Reagieren) von Mädchen und Jungen gibt. Die relevante Frage lautet vielmehr: Wo sind die Schulforscher und Lehrer, die für einen „männlich“ geprägten zweiten Bereich sorgen, in dem auch die männlichen Schüler ihre Interessen, Wünsche, Bedürfnisse wiedererkennen und in dem sie spezifisch unterrichtet werden? Im Blick auf die Jungen heißen die Stichworte „Rüpel“, „Störer“, „Angeber“, „Eigenbrötler“. Mit den legitimen, spezifischen Wünschen, Interessen, Verhaltensformen der Schüler beschäftigen sich nur wenige Autoren.

Schulerfolg und Geschlecht

Ordnet man hier interessierende Stichwörter nach dem Geschlecht, ergibt sich eine „Zweiklassengesellschaft". In die Rubrik „weiblich" gehören die Eintragungen „Schulerfolg", „bessere Abschlüsse", „weniger Wiederholungen", „frühere Einschulung", „kaum störendes Verhalten", „weniger Gewaltdelikte". Die Rubrik „männlich" weist die negativen Entsprechungen dazu auf: „höhere Sitzenbleiber- und Wiederholungsquoten", „größere Zahl an Disziplinarkonferenzen", „schlechtere Abschlüsse", „spätere Einschulung", „häufig störendes Verhalten", „mehr Gewaltdelikte, vor allem auch in gravierenden Fällen".

Auch das Interaktionsmuster von Jungen und Mädchen unterscheidet sich: Jungen gehen nachweislich weniger sorgfältig mit Schulbüchern um, knallen Türen und bewegen sich ganz anders als Mädchen im Raum. Sie „erobern" Räume und folgen gern ihrem konstanten Bewegungsdrang.

Der Schweizer Schulpsychologe und Psychotherapeut ALAN GUGGENBÜHL hat im September 2005 in einem Vortrag in Mainz sein Verständnis vom Unterschied der Geschlechter und von einer geschlechtergerechten Pädagogik in der Schule dargelegt. Hier einige seiner Beobachtungen und Folgerungen.

Das Sozialverhalten von Mädchen und Jungen entwickelt sich unterschiedlich: Während Mädchen ein Netzwerk von Freundinnen und Kolleginnen aufbauen und persönliche Beziehungen pflegen, formieren sich die Jungen in Untergruppen und Cliquen. In ihnen widmen sie sich einem Thema oder Projekt: Skateboard-Geschichten werden ausgetauscht oder die Einrichtung einer Höhle besprochen. Mädchen suchen zunächst Kontakt zu allen Personen der zu erschließenden Gruppe. Sie kommunizieren offen und räumlich nah. Gesprächsthema sind z.B. Vorlieben, also persönliche Inhalte. Nach ca. zwei bis drei Monaten entscheiden sie aufgrund der gesammelten Informationen, sich mit einer bestimmten Person anzufreunden. Während Mädchen stundenlang über zwischenmenschliche Beziehungen reden können, prahlen Jungen mit ihren Taten, ihrem Besitz und ihrer Position in der Gruppe. Rasch etablieren sich Hierarchien und Rituale. Jungen erstellen zu Beginn eine gruppeninterne Hierarchie und suchen sich dabei ihren persönlichen Platz. Sie vermeiden zunächst direkten Augenkontakt. Sie klassifizieren ihr Gegenüber anhand kategorieller Merkmale (z.B. „der ist Skater" … „der ist Hip-Hopper"). Ihr Rangplatz bleibt während des weiteren Fortbestehens der Gruppe meist unverändert. Die Kriterien für eine solche Hierarchiebildung können von Gruppe zu Gruppe variieren.

Mädchen nähern sich einer Person oder einer Gruppe über das Gespräch, Jungen über gemeinsame Aktivitäten, Provokationen und Auseinandersetzungen. Bei den Jungen sind Balgen, Foppen und Spott normale Mittel der Kontaktaufnahme. Im Ärger erkennt man die Persönlichkeit des Gegenübers. Jungen provozieren ihr Gegenüber, um eine authentische, unmittelbare Reaktion hervorzurufen. Auf diesem Wege versuchen sie eine Demaskierung des anderen zu erreichen, um dessen „wahres Ich“ erfassen zu können. Diesen Test, wie weit man sein Gegenüber provozieren kann, wenden sie auch bei Menschen an, die ihnen sympathisch sind. Sie nehmen Beziehungen über die Provokation auf. Auch zwei gute Freunde können sich statt mit den Worten „Ach, wie schön, dass du wieder da bist“ mit dem Satz „Na, wie geht's, du Idiot?“ begrüßen. Lehrpersonen würden sich allerdings dadurch beleidigt und angegriffen fühlen und müssten klarstellen, dass ihr Rang eine solche Anrede nicht erlaubt.

Reaktionen auf das Sozialverhalten von Jungen

Statt an individuellen Zielsetzungen und persönlichen Beziehungen zu arbeiten, gilt es, die Jungen zuerst mit Gruppenregeln, Positionen und Schulhausritualen bekanntzumachen. Sie wollen wissen, wo Grenzen gezogen werden und welches die Hierarchien sind. Dazu brauchen sie die Auseinandersetzung mit der Schule. Konflikte sind auch ein Mittel der Kontaktaufnahme. Und nach einer Konfrontation weiß man, wer welche Position besetzt. Ein „ungehöriger Streich“ – ein Schüler platziert in der Pause einen nassen Schwamm auf dem Stuhl des Lehrers – lässt sich innerhalb dieser Überlegungen auch als Test verstehen: Was ist unser (neuer) Lehrer für einer? Versteht er Spaß oder rastet er gleich aus? Verdient er überhaupt unseren Respekt?

Das starke Bedürfnis der Jungen nach Hierarchiebildung führt zu Problemen, wenn der Lehrer sich nicht eindeutig als der Ranghöchste darstellt. Bei der Bildung einer neuen Klasse sollte der Pädagoge in diesem Sinne direkt vermitteln, dass er hier der „Boss“ ist.

Unterschiede in der Kommunikation von Mädchen und Jungen

In der Sprache zeigen sich weitere geschlechtsspezifische Unterschiede. Mädchen beginnen früher zu sprechen und können soziale Aktionen besser erfassen und verbalisieren. Der Gebrauchswortschatz von Mädchen ist wesentlich größer als der Wortschatz von Jungen. Allerdings verfügen Jungen über einen größeren Fachwortschatz – und zwar auf ihrem persönlichen Interessengebiet, z. B. Fußball, Technik, Automarken.

Mädchen können sich leichter anpassen, sozial geschickter agieren und vordergründiges Interesse spielen. Jungen dagegen zeigen ihre Abneigung offen.

GUGGENBÜHL weist auch auf die Neigung männlicher Jungendlicher zu Grandiositäten und zur gnadenlosen Selbstüberschätzung hin. Die Reflexion eines Misserfolges führt dann nicht zu Selbstzweifeln, und an einer schlechten Note sind eher die falschen Fragen des Lehrers schuld; hätte der klarer formuliert, wären auch meine Ergebnisse besser gewesen.

Schulische Neuerungen orientieren sich oft an den Bedürfnissen der Mädchen

Ein Blick auf die Entwicklung der Schule in den letzten Jahren zeigt, dass viele Neuerungen der weiblichen Psychologie entgegenkommen: individuelle Lernziele statt Ausrichtung auf Gruppennormen, Beurteilungsgespräche statt nackter Noten, Teamarbeit anstelle von Einzelleistungen. Bei Schwierigkeiten werden selten die Regeln des Systems infrage gestellt, dafür wird die Persönlichkeit des Schülers in Betracht gezogen.

Die stärkere Sprachbegabung der Mädchen kommt in der Schule markant zum Tragen, da im Unterricht diese Fähigkeit besonders honoriert wird. Jungen nehmen „lösungsorientierte" Gespräche eher als „Harmonie-Terror" wahr. Sie können gut damit leben, dass jeder seinen subjektiven Standpunkt beibehält. Die Konflikt-Kommunikation der Mädchen ist dagegen beziehungs- und lösungsorientiert. Im Konfliktgespräch bewegen sie sich zirkulär-kreisend auf ein Problem zu. Jungen sprechen den eigentlichen Konfliktpunkt direkt an.

Reaktionen auf das Kommunikationsverhalten und die Interessen von Jungen

In Lehrbüchern werden häufig Beziehungsthemen favorisiert. Dort unterhalten sich fiktive Personen über zwischenmenschliche, beziehungsbezogene Situationen und Inhalte.

Dies kommt den Interessen und Fähigkeiten der Mädchen entgegen, benachteiligt aber die Jungen.

So ist auch die Tatsache zu erklären, dass Jungen sehr häufig gerade im Mathematikunterricht bessere Noten erzielen als in anderen Fächern. Mathematische Inhalte werden sachbezogen und nicht beziehungsorientiert vermittelt, was der Vorgehensweise der Jungen besser entspricht.

Aus seinen Bobachtungen und Überlegungen leitet GUGGENBÜHL einige Gedanken zur Umsetzung im Schulalltag ab.

Leitgedanken zur Umsetzung in der Praxis
1. Fußball, Autos und Computer Jungeninteressen gehören auch in den Unterricht. Eine Annäherung des Lehrers an seinen Schüler kann durch das objektbezogene Gespräch erreicht werden (z.B. über Autos, Fußball usw.).
2. Prahlen als Potenzial Die Grandiosität der Jungen kann kreativ genutzt werden – ansonsten sinkt deren Motivation. Positive Prahlerei kann Jungen anspornen, etwas zu entwerfen und umzusetzen. Grenzen und Ziele hoch anzusetzen, fordert Jungen positiv heraus, wodurch deren Selbstüberschätzung als Chance zur Erreichung von Zielen gesehen werden kann.

3. Zuerst Struktur, dann Beziehung Jungen beginnen eine Beziehung (Lehrer-Schüler-Kontakt) zunächst mithilfe der äußeren Struktur der Beziehung – sie interessieren sich weniger für Beziehungsinhalte (z. B. Interessen, Vorlieben des Lehrers).
4. Mut zur Differenzkultur Geschlechtsspezifische Lernräume sollten angeboten werden. Jungen brauchen Bewegung, andere Themen und die Möglichkeit, abweichende Arbeitsweisen anzuwenden. Dies alles kann anhand einer zeitlich begrenzten, räumlichen Trennung erreicht werden.
5. Skateboards, Streiche und Witze Im Unterricht sollte sowohl Berichts- als auch Beziehungssprache eingesetzt werden.
6. Lustvolle Provokationen und Kämpfe Neue Standards in den sozialen Kompetenzen sollten anerkannt werden. Kommunikation ist nicht immer nur reine Beziehungssprache, sondern kann auch in Form einer Konfrontation stattfinden. Diese Art der Kommunikation ist gerade für Jungen wichtig.

Und wie starten? – Mit Jungenkonferenzen

Die Idee, Jungenkonferenzen einzurichten, hat Uli Boldt (2007) entwickelt.

Bei der Arbeit in den Jungengruppen sollte man die folgenden Grundprinzipien und Regeln beachten:

- Das Prinzip des geschützten Raumes: Keiner hört uns zu, keiner beobachtet uns.
- Das Prinzip der Verschwiegenheit: Keine Äußerung verlässt den Raum. Was einzelne Personen gesagt haben, wird nicht weitererzählt.
- Das Prinzip der männlichen Leitung: Auch Jungen weinen! – Dieser Satz hört sich aus dem Mund eines Mannes überzeugender an, als wenn er von einer Frau einem Jungen gegenüber gesagt wird.
- Das Prinzip der Klarheit: Grenzüberschreitungen werden nicht toleriert.
- Das Prinzip der Subjektorientierung: Welche Themen interessieren euch? Was wollt ihr besprechen?
- Das Prinzip der Freiwilligkeit: Wer an der Übung nicht teilnehmen möchte, setzt sich an den Rand und schaut einfach ruhig zu. Beim nächsten Mal könnt ihr ja dann mitmachen, wenn die Übung noch einmal wiederholt wird.

Für die Entwicklung und Umsetzung der Jungenarbeit in der Schule ist es hilfreich, sich vorher mit einigen Grundpositionen auseinanderzusetzen. Hierzu gehört, dass die eigene persönliche Sichtweise, der eigene Zugang zur Jungenarbeit geklärt werden sollte. Es gilt zum Beispiel, nicht nur immer wieder die Defizite und Probleme der Jungen zu thematisieren; es kommt vielmehr darauf an, zusammen mit ihnen Gesprächsanlässe zu schaffen, Denkanstöße zu geben und neue Sichtweisen zu vermitteln. Verzichtet man darauf, Mängel aufzuspüren, ist der Weg frei für die Frage nach den Ressourcen.

4 Auf Störungen reagieren: Interventionen

„Unter ‚Intervention' versteht man die Förderung oder die Therapie (schulische und außerschulische Unterstützungsangebote) bei Schwierigkeiten und Störungen."[12]

Worum es in diesem Kapitel geht: Zur Professionalität eines Lehrers gehört, dass er auf die vielfältigen Prozesse und Verhaltensweisen, die eine alltägliche Unterrichtsstunde kennzeichnen, aus einer gewissen Distanz heraus reagiert: mit Besonnenheit und im Rückgriff auf einen gut bestückten Methodenkoffer.

Die Fähigkeit zur Selbstreflexion gehört ebenso dazu wie die sachlich-persönlich begründete Entschiedenheit im Umgang mit dem „schwierigen Schüler", die Stärkung der Elternkompetenz ebenso wie die Förderung der Sozialkompetenz seiner Schülerinnen und Schüler.

4.1 Strategische Maßnahmen im Unterricht

An sich selbst arbeiten

Lehrer beziehen unangenehme Vorfälle gelegentlich auf sich. Sie glauben dann, die unangemessene (provozierende) Verhaltensweise des Schülers sei als persönlicher Angriff gemeint. Ein kurzschrittiges Vorgehen und eine permanent enge Führung begünstigen diese pauschale Annahme. Sie sollte in jedem Einzelfall überprüft werden. Konstruktiv und entlastend wirkt sich die professionell erworbene Fähigkeit aus, dem Geschehen gegenüber eine wohldosierte Distanz einzulegen, nachzudenken und schließlich nicht nur sachlich angemessen, sondern auch humorvoll-menschlich zu reagieren. Die Vorschläge in der nachfolgenden Tabelle geben Anlass, Störungen jenseits der eigenen Person einzuordnen. So öffnen sich dann Handlungsalternativen und man steht selbst nicht mehr unmittelbar im Fokus der empfundenen Kritik.

12 Kowalczyk, W./Ottich, K. (2004): Erziehen: Handlungsrezepte für den Schulalltag in der Sekundarstufe. Grundlagenband. Berlin: Cornelsen Scriptor, S. 117

Verhalten, Intervention	Funktion
– bewusst nicht zur Kenntnis nehmen	– das Störende nicht unbeabsichtigt verstärken
– positive Ansätze würdigen	– die Bereitschaft zu konstruktivem Verhalten fördern
– humorvoll sprechen, erwidern	– Beruhigung, Entspannung herbeiführen
– die Sitzordnung verändern	– eingespielte, verfestigte Störmanöver reduzieren
– Erläuterungen geben, Hintergründe und Zusammenhänge darlegen	– sachlich informieren, um Urteile zu ermöglichen
– aus dem Raum schicken	– Eskalation vermeiden; Abreagieren anstreben
– Verbote aussprechen	– Grenzen aufzeigen
– Strafen verhängen	– Fehlverhalten auch ahnden (nicht nur verbal kritisieren)
– Belohnungen geben	– Leistungen anerkennen, Dank aussprechen

Diese Maßnahmen entlasten wenigstens für einen Moment, sie scheinen jedoch wenig geeignet, die Situation insgesamt zu bereinigen. Mittelfristig ist es in jedem Fall vernünftiger, auf eine solide Präventionsarbeit in unbelasteten Phasen des Unterrichts zu setzen.

Der Fachleiter Andreas Schaefer hat auf der Internetseite des Studienseminars Cuxhaven einige Leitlinien zum Thema „Disziplin entwickeln" veröffentlicht. Sie ersetzen nicht die Prävention, bieten aber Rezepte zur Verbesserung des Verhaltens in konkreten Unterrichtssituationen an. Wir geben die Hinweise in komprimierter Form wieder.

Strategische Interventionen im Unterricht verankern

Disziplinarische Maßnahmen sollten an einem bestimmten Ort des Klassenraumes vorgenommen werden; allein das Aufsuchen dieses Ortes kann nach einiger Zeit bereits die gewünschte Veränderung bewirken.

In Konfliktsituationen „den Ball zurückgeben"

Denn sonst droht dem Lehrer – im Bild gesprochen – ein Schrittfehler. Dem aufsässigen Schüler nicht nur einen Befehl präsentieren: „Heb das auf!" Weigert sich der Schüler, befindet sich der Lehrer im Zugzwang. Besser ist es, dem Schüler die Entscheidung zu übertragen: „Wenn du das nicht aufhebst, informiere ich deine Klassenlehrerin, dass du in der nächsten Pause nicht rausdarfst." Jetzt ist der Schüler am Zug.

Erwünschtes Verhalten klar benennen

Der emotional aufgeladene Vorwurf „Du störst die anderen durch dein Herumzappeln“ sollte ersetzt werden durch eine sachliche, aber bestimmt vorgetragene Anordnung: statt das Unerwünschte zu tadeln: „Sitz bitte still.“ – „Stell den Papierkorb wieder hin und schreib weiter.“

Alternativen verdeutlichen, für Konsequenzen einen Zeit-Puffer vorsehen

Wenn ein Schüler der Aufforderung, weiter vorn Platz zu nehmen, nicht folgt, droht ein Zweikampf, bei dem der Lehrer den Kürzeren ziehen könnte (vgl. „den Ball zurückgeben“). Er stellt den Schüler besser vor eine Alternative und gewinnt durch ein Verlagern der Konsequenz Zeit zum Nachdenken. „Wenn du dich umsetzt, ist die Sache in Ordnung. Wenn du das nicht tust, rufe ich in der Pause bei dir zu Hause an.“

Nicht den Schüler tadeln, sondern sein Verhalten

Persönliche Kritik trifft vor allem Kinder mit geringem Selbstwertgefühl auf schmerzhafte Weise. „Du störst uns“ sollte deshalb ersetzt werden durch eine sach- oder situationsbezogene Formulierung: „Wenn du so laut redest, stört das unser Gespräch.“

Nonverbale Signale nutzen

Sie kommen auch noch an, wenn es im Klassenzimmer schon recht laut ist. Sie ermöglichen beschwichtigende wie ermutigende Effekte. Die Sprache bleibt für die Unterrichtsinhalte reserviert, die Bereiche „Thema“ und „Verhalten“ purzeln nicht durcheinander.

Standpauke nicht vor Publikum

Vor allen Mitschülern kritisiert zu werden, wird den Störenfried kaum kooperativ stimmen. Eine solche Niederlage schwächt seinen Status in der eigenen Clique und bedroht sein Selbstwertgefühl. Im Vieraugengespräch auf dem Flur sieht das Ganze schon besser aus – und auch der Lehrer hat sich etwas abkühlen können. So vermeidet er einen Schaukampf vor der gesamten Klasse.

Nach dem Tadeln einen Neuanfang signalisieren

Eine Auseinandersetzung kann „fällig“ sein; sie klärt dann die Situation und reinigt die Atmosphäre. Hilfreich für das Umschalten auf Freundlichkeit (um die Konfrontation nicht weiterwirken zu lassen): bewusst atmen, die Körperspannung abbauen, einen Ortswechsel vornehmen, die Mimik und die Stimme verändern, den Wechsel auch explizit in Worte fassen („Nun haben wir’s geklärt. Jetzt geht’s wieder weiter.“).

Mit Störungen konstruktiv (verständnisvoll) umgehen

Wenn Schülerinnen und Schüler sich nicht auf den Unterricht konzentrieren können, liegt dies oft an einem Umstand, der für sich genommen kein so großes Gewicht hat. Schon das verständnisvolle Wahrnehmen (Zulassen) der Störung hilft dem Schüler, sich wieder der Arbeit zuzuwenden. Eventuell ist es angebracht, eine Klärung zu einem späteren Zeitpunkt vorzuschlagen.[13]

4.2 Individuelle Hilfen für schwierige Schüler

Ein Kind hat wiederholt seine Hausaufgaben nicht gemacht, kommt ständig zu spät oder ist dauernd in Streitigkeiten mit anderen verwickelt. Obwohl solche Probleme oft gar nicht so schwerwiegend erscheinen, zermürben sie und untergraben die Effektivität der schulischen Arbeit. Die folgenden Bausteine geben Lehrkräften Rezepte an die Hand, wie sie solche Probleme angehen können.

Eine Vorbemerkung

Du bist schuld! Oder: Das Weduniw-Prinzip

Bei Handlungen unterscheiden wir oft vorschnell nach Ursache und Wirkung. Ebenso entschieden bewerten wir bestimmte Ursachen als Schuldfaktoren. Das Schuldig-Sprechen ist aber gleichbedeutend mit Verurteilen und das aktiviert die Abwehrkräfte des anderen. Ein Angriffs-Verteidigungs-Spielchen beginnt. Die Verteidigung oder die Rechtfertigung ist für das Selbstbild hoch bedeutsam, sie ist Ausdruck der Angst vor Gesichtsverlust und vor Strafe.

„Weduniw" ist die Abkürzung für eine der häufigsten Entschuldigungen, die Menschen sich selbst einreden, und zwar erfolgreich.

Ausgeschrieben heißt es: „Wenn du nicht wärst, dann …". Wenn du nicht wärst, dann wäre ich ganz anders, also bist du eigentlich schuld an dem, was ich falsch gemacht habe. Ein wenig weiterverfolgt bedeutet diese Entschuldigungslogik: Über meine Fehler brauchen wir eigentlich gar nicht zu reden. Vergessen wir sie einfach oder übergehen wir sie am besten und kommen gleich auf das zu sprechen, was du falsch gemacht hast. Denn du bist ja die eigentliche Ursache. Ich mit meinem Fehlverhalten bin nur die Folge!

Tausende von Situationen gibt es wahrscheinlich jeden Tag, in denen so gehandelt und geredet wird. Beziehungskonflikte werden mit Vorliebe nach dem „Weduniw"-Prinzip ausgetragen: Wenn du nicht so geizig wärst, wäre ich nicht so verschwenderisch. Wenn du nicht so verstockt und mundfaul auftreten

13 Nach: Andreas Schäfer, Studienseminar Cuxhaven: www.seminarordner.de, Button „Disziplin" anklicken

würdest, müsste ich nicht immer so viel reden. Ich tue es wahrhaftig nicht gern, aber ich kann ja gar nicht anders. Wenn du nicht ... – das uralte Selbstentschuldigungswort.

Wie vermeiden Sie einseitige Schuldzuweisungen?

Eine neue, umfassendere Sicht auf die Sache gewinnen Sie mithilfe des „Beitragsprinzips". Eine Beitragsliste besteht aus den folgenden Fragen:
- Was trage ich zum Problem bei?
- Was trägt der andere zum Problem bei?
- Wer ist noch beteiligt?

Auch dort, wo ein Schüler seine Klassenkameraden stört, wird es nicht darum gehen, ausschließlich Hilfe (oder sogar Therapie) für diesen Schüler zu suchen. Die Lehrkraft hat die Verantwortung für das Unterrichtsgeschehen und sollte deshalb auch den eigenen Beitrag im Blick haben.

Unterschiedliche Ursachen erwägen

Für das Verhalten eines Schülers, der in der Stunde immer wieder andere Schüler mit Worten ärgert, kann es ganz unterschiedliche Erklärungen geben:
- Er hat Lernschwierigkeiten.
- Er will der Lehrerin „eins auswischen".
- Er kommt aus einer zerrütteten Familie.
- Er braucht besondere Zuwendung.
- Er braucht rasche Disziplinierung.
- Er hat unzureichende soziale Fähigkeiten.
- Er ist vom Unterricht gelangweilt.
- Einige, mehrere oder alle der eben genannten Möglichkeiten treffen gleichzeitig zu.

Die Annahme, für jede Wirkung gäbe es (nur) eine ganz bestimmte Ursache, macht es schwierig, Verhalten in seinem Kontext zu sehen. Schon die Alltagserfahrungen warnen uns davor, einen Sachverhalt vorschnell und pauschal zu beurteilen. Man denke nur an die Schwierigkeit, nach einer heftigen Rangelei auf dem Schulhof die einfach klingende Frage zu klären: „Wer hat eigentlich angefangen?" Was (aggressive) Aktion darstellte und was (lediglich) als Reaktion zu werten ist, dürfte in vielen Fällen nur schwer zu ermitteln sein. Bei den angesprochenen Unterrichtsstörungen wird die Klärung der realen Ursache ebenfalls ein genaues, geduldiges Aufspüren der relevanten Aspekte erfordern. Urteilt man dagegen emotional und undifferenziert, bleiben Erklärungen außer Betracht, die dazu beitragen können, die Dinge zum Guten zu wenden. Also gehen Sie besser von einem *Gefüge* an Ursachen aus und nutzen Sie das *Baustein*-Prinzip.

Baustein 1:
Sich klar werden über das Problem

Am Anfang steht oft ein diffuses Gefühl: Die Unruhe in der Klasse stört mich. Alexander schaut desinteressiert aus dem Fenster. Christina hat wieder ihre Hausaufgaben vergessen. Ärger kommt hoch. Die Schülerin oder der Schüler wird gemaßregelt. Eine kurzfristige Besserung tritt ein. Nach kurzer Zeit wiederholt sich jedoch die Situation. Statt schneller Reaktionen (die manchmal erforderlich sind) sollten Sie in Ruhe überlegen.

- Was stört mich oder die Klasse?
- In welcher Weise, in welcher Form bin ich selbst an dem Problem beteiligt?
- Kann ich mein eigenes Verhalten so verändern, dass das Problem nicht wieder auftritt?
- Kann ich Rahmenbedingungen verändern (einen Schüler umsetzen, Regeln formulieren oder umformulieren, Pausen verändern)?
- Können Kollegen mich unterstützen?
- ...

Baustein 2:
Das Problemverhalten und das gewünschte Verhalten in jeweils einem Satz beschreiben

Es bereitet Lehrkräften oft große Schwierigkeit, in einem Gespräch mit dem Schüler dessen unerwünschte Verhaltensweisen und das erwünschte Verhalten knapp und klar zu formulieren. Dies führt dann oft zu einem langen Redefluss, der die Abwehrhaltung des Schülers verstärkt.

Wenn Sie erkennen, dass auch der Schüler einen Beitrag zur Problemlösung liefern muss, sollten Sie im nächsten Schritt das Problemverhalten vor dem Gespräch konkret beschreiben und es sich gegebenenfalls schriftlich notieren (Hans spricht, ohne sich vorher gemeldet zu haben und aufgerufen worden zu sein – vgl. Kapitel „Gesprächsführung“, S. 20 ff.).

Der Schüler soll angeleitet werden, automatisiertes und damit weitgehend unbewusstes Verhalten wieder bewusst wahrzunehmen, um es dann zu verändern. Er muss also wissen, auf welche konkreten Verhaltensweisen er achten soll.

Auch das gewünschte Verhalten wird in einem einfachen Satz formuliert: Hans spricht nur, wenn er sich gemeldet hat und von mir aufgerufen wurde.

Baustein 3:
Ein Gespräch mit dem Schüler führen

Unsere Alltagserfahrung erlaubt die Annahme, dass häufig bereits das Ansprechen eines problematischen Punktes genügt, um ihn aus der Welt zu schaffen. Dann hat die Bewusstwerdung – verknüpft mit einer Klärung der Sichtweisen – ausgereicht, eine Veränderung herbeizuführen.

Die Ökonomie der Mittel ist ein gewichtiger Faktor: Aus dem Katalog der Verhaltensweisen sollte zunächst das ausgewählt (erprobt) werden, was einen großen Nutzen bei geringem Aufwand verspricht.

Wenn Sie mit einem Schüler über Probleme sprechen, sollte dies außerhalb des Unterrichts geschehen. Die Klasse stellt eine Bühne dar, sodass der betroffene Schüler die Sorge haben muss, sein Gesicht zu verlieren. Er wird deshalb in der Regel nicht bereit sein, offen zu sprechen und sich einsichtig zu verhalten.

Zunächst geht es darum, dass der Lehrer dem Schüler seine Sicht der Dinge darlegt. Damit durch die Rückmeldung ein Verständigungsprozess einsetzen kann, sind einige grundlegende Regeln zu beachten.

- Mögliche Gesprächssorgen thematisieren und Lösungszuversicht ausdrücken
  („Ich möchte mit dir folgende Situation besprechen … Das wird für uns beide sicher nicht leicht. Ich bin aber zuversichtlich, dass wir es schaffen werden.“)
- Das Problem zugewandt, aber in „entwaffnender“ Offenheit und Direktheit ansprechen
  (also nicht „herumdrucksen“ oder „fragend-entwickelnd“ oder „entdecken-lassend“ hinführen; wie z.B. „Es gibt in letzter Zeit Klagen über dich – vielleicht kannst du dir denken, worum es geht.“ – oder: „Du kannst dir vorstellen, warum ich dich zu mir gebeten habe …“)
- Vorwurf-Rechtfertigungs-Schemata vermeiden
  (also nicht: „Warum hast du das denn gemacht? Was hast du dir nur gedacht, als du …“). Fragen Sie stattdessen nach der Außenperspektive. Was würde deine Freundin … dazu sagen? Oder: Du musst einen guten Grund haben (zu schwänzen, Drogen zu nehmen, zu stehlen). Die Antworten auf diese Frage geben Einblick in das Wertesystem des Schülers, in seine Wahrnehmungslogik.
- Knapp und klar sprechen
  Das zu kritisierende Verhalten und das erwünschte Verhalten kurz und knapp formulieren. Diese Formulierungen schon vorab überlegen.

Im zweiten Schritt sollte die Lehrkraft ihre Erwartungen mitteilen, knapp und deutlich formuliert. Danach erhält der Schüler die Möglichkeit, das Problem aus seiner Sicht zu beschreiben und auch Wünsche an die Lehrkraft zu richten. Lehrer und Schüler erörtern nun gemeinsam Lösungsmöglichkeiten, Strategien, Ressourcen und legen sich auf ein bestimmtes Vorgehen fest.

Abschließend geht es um die Konsequenzen, die eintreten sollen, wenn das Problem nicht gelöst werden kann. Ein neuer Termin wird vereinbart (ca. vier Wochen später), um den Erfolg kontrollieren zu können.

Baustein 4:
Ein Elterngespräch führen

Im Elterngespräch geht es zunächst darum, die Eltern über Probleme zu informieren. Informieren bedeutet, eine als problematisch erlebte Situation zu beschreiben, ohne das Kind oder die Eltern zu bewerten, um so eine vertrauensvolle Zusammenarbeit anzubahnen. Diese sachliche Haltung sorgt für Zuversicht: „Es gibt da ein Problem, aber gemeinsam können wir es zum Wohl Ihres Kindes aus der Welt schaffen." Für die praktische Umsetzung eignet sich das Problemlöseverfahren von THOMAS GORDON. Wegen seiner Klarheit und Überschaubarkeit stellt es eine alltagstaugliche Methode dar, erfolgreich ans Ziel zu gelangen. Hier ein überarbeiteter Leitfaden, der auch die Leitfragen für die einzelnen Etappen enthält.

Gesprächsabschnitt	Leitfragen	Erläuterungen
Das Problem benennen	Wie sind die Sichtweisen der Beteiligten? Welche Gefühle sind im Spiel? Ist das Selbstbild der Beteiligten bedroht? Gelingt eine gemeinsame Problemdefinition?	Darstellung des Problems in einer Form, die für beide Seiten akzeptabel („wahr") ist. Ziel: Beschreibung, nicht Bewertung eines Problems.
Das Gesprächsziel benennen	Die eigene Absicht verdeutlichen (Information, Austausch, Appell, Problemlösung)	
Mögliche Lösungen entwickeln	Was eignet sich als Lösung?	Die Beteiligten sollten bestrebt sein, viele Möglichkeiten zu ermitteln (z.B. durch Brainstorming; die Lösungsmöglichkeiten schriftlich festhalten).

Die Lösungen kritisch bewerten	Welches sind die Vor- und Nachteile der Lösungsvorschläge? Gibt es „Nebenwirkungen“? Passen die Lösungen zum Handlungsrepertoire der Beteiligten?	Überprüfen der – Wirkungsbreite – Reversibilität (Umkehrbarkeit) – Größe des Anwendungsbereichs – Wirkungssicherheit
Eine Entscheidung treffen	Welche Lösungen kommen nicht infrage? Welche Vorgehensweise halten die Beteiligten gemeinsam für die sinnvollste?	Zunächst alle Lösungen streichen, auf die man sich nicht gemeinsam verständigen kann. Die verbleibenden daraufhin überprüfen, wo der größte Nutzen oder Vorteil für alle Beteiligten liegt. Gemeinsam eine Entscheidung zu treffen führt dazu, dass sich alle verantwortlich fühlen.
Wege zur Ausführung der Lösung ausarbeiten	Wer macht wann was mit wem? Wann wird der Erfolg überprüft?	Die Vereinbarung schriftlich festhalten, damit sie später überprüft werden kann.
Erfolgskontrolle	Wurden die Vereinbarungen eingehalten? Wurden die gesteckten Ziele erreicht? Wo waren gegebenenfalls Schwachstellen? Wie soll weiter verfahren werden?	Ohne Erfolgskontrolle entsteht keine Verbindlichkeit.

Diese Struktur enthält zwei wichtige Grundgedanken: Es geht zum einen um die gemeinsame Problemlösung, d. h., Lösungen werden nicht vorgeschrieben, sie ergeben sich vielmehr aus den Beiträgen aller. Und zum anderen hilft das Aufschreiben, den Überblick zu behalten und später nachlesen zu können, was genau vereinbart worden ist.

Das konstruktive Schlechte-Nachrichten-Gespräch

Eine schlechte Nachricht ist schon schlimm genug, ihre Übermittlung muss nicht alles noch schlimmer machen. Das Ziel des konstruktiven Umgangs mit der schlechten Nachricht besteht darin, den Empfänger – und möglichst auch seine Umgebung – so zu unterstützen, dass er wieder in ein emotionales Gleichgewicht kommt und das Problem selbst bewältigen kann. So erlebt er sich als ernst genommener Gesprächspartner und kann die vereinbarte Vorgehensweise als eigenes Anliegen betrachten.

Checkliste für das Schlechte-Nachrichten-Gespräch

1. Phase: Die Vorbereitung

- Planen Sie die Gesprächssituation so, dass Sie ungestört reden können.

- Überlegen Sie, warum der zu besprechende Vorfall aus Ihrer Sicht eine solch bedeutsame und nicht mehr tolerierbare Normabweichung darstellt. Wichtig ist es, nicht pauschal zu reden, sondern ganz konkrete Verhaltensweisen zu schildern.
- Und: Beschränken Sie sich auf das Wesentliche. Trägt man den Eltern eine lange „Mängelliste" vor, hören sie nach einiger Zeit nicht mehr zu.

2. Phase: Die Mitteilung

- Die schlechte Nachricht steht am Anfang des Gesprächs.
- Kurz und prägnant sollte die Mitteilung sein: kein Drumherumreden, keine Demütigung und keine Beschönigung. Ansonsten würden Sie nur die Angst und Unsicherheit Ihres Gesprächpartners verstärken. Versuchen Sie gleich zu Beginn, Ihrem Gesprächspartner deutlich zu machen, dass Sie gemeinsam mit ihm dem Kind helfen wollen. Oft reagieren wir in einer solchen Situation nur unsere eigene Angst und Enttäuschung ab, indem wir die Schuld auf den anderen schieben: „Sie hätten dafür sorgen müssen, dass sich Jens besser benimmt!" Gestalten Sie das Gespräch anders: „Was können wir gemeinsam tun, um Jens zu helfen?"

3. Phase: Der Umgang mit den Gefühlen

- Die Gefühle respektieren. Der Empfänger einer schlechten Nachricht wird erkennen lassen, wie sehr ihn die unangenehme Mitteilung belastet. Zu denken ist an Ärger, Verzweiflung, Wut, Trauer, Verunsicherung oder Enttäuschung. Diese belastenden Gefühle wahrzunehmen und als Zeichen des einfühlenden Verstehens auch zu verbalisieren, fördert das konstruktive Gespräch. Zum Beispiel: „Sie machen sich Sorgen um Ihr Kind" oder „Sie werden richtig ärgerlich, wenn Sie das hören". Ebenso hilfreich ist es, wenn sich die Lehrkraft auf die Art und Weise einstellt, wie die Eltern mit der schlechten Nachricht umgehen – und wenn die Gesprächspartner als Personen respektiert werden.
- Geben Sie also dem Gesprächspartner Zeit, die Nachricht erst einmal „zu verdauen". Die Verarbeitung einer schlechten Nachricht benötigt einen angemessenen Zeitraum. Teilen Sie Ihrem Gesprächspartner in einer behutsamen Form mit, welche Empfindungen und Gefühle Sie wahrgenommen haben.

4. Phase: Die Problembearbeitung

- Den Auftakt der letzten Phase bildet die Problembeschreibung.
- Dann geht es um die Nennung der am Problem beteiligten Personen.
- Die Klärung der Bedingungen und Ursachen des Problemverhaltens ist ein weiterer Schritt, eine schwierige Situation zu ändern.

- Nach der Festlegung der Ziele werden verschiedene Möglichkeiten des Vorgehens gegeneinander abgewogen.
- Am Schluss stehen die Entscheidungen: für ein bestimmtes Ziel und für einen bestimmten Weg.
- Und dann wird ein neues Gespräch vereinbart, um einige Zeit danach zu überprüfen, was bereits erreicht wurde und was noch zu tun ist.

Und wenn es hakt? Die Sache mit dem Widerstand

So verkantet sich zum Beispiel eine Sache: Den Lehrkräften fällt ein Schüler auf, der sich im Unterricht unangemessen verhält. Sie bewerten sein Verhalten als „kleinkindhaft" und meinen damit entwicklungsgestört und daher behandlungsbedürftig. Sie verweisen die Eltern an einen Psychologen. Darauf reagieren die Eltern mit Ablehnung. Der Rat, einen Psychologen aufzusuchen, stellt für den Schüler und dessen Eltern einen Hinweis dar, der ihr Selbstverständnis berührt. Sie meinen nämlich, damit werde die psychische Normalität des Kindes und ihr Erziehungskonzept insgesamt infrage gestellt. Der Verweis der Eltern auf andere Kinder der Klasse ist der Versuch, sich gegen eine solche Stigmatisierung zu wehren.

Widerstand von Eltern ist dann zu erwarten, wenn der Lehrer zum einen von einer vorgefassten Diagnose ausgeht („Detlef ist verhaltensgestört!") und zum anderen nicht berücksichtigt, dass sich die Eltern – selbst wenn sie die Sicht des Lehrers teilen – auch selbst emotional mit den Schwierigkeiten ihres Kindes auseinandersetzen müssen.

Eltern brauchen Hilfen – oft mehr, als der Lehrer vermutet –, um die Probleme und Schwierigkeiten ihrer Kinder zunächst zu akzeptieren, bevor sie sich im nächsten Schritt darum kümmern können, wie diese auch zu bewältigen sind. Gemeinsam ist vielen Eltern, dass sie „das Beste für ihr Kind" erreichen wollen. Diese allgemeine Formel umgreift alle Überlegungen und Maßnahmen, um der Rolle als Vater und als Mutter gerecht zu werden.

Da sich viele Erziehungsberechtigte mit den Leistungen und Verhaltensweisen ihrer Kinder identifizieren und glauben, ihr eigener „Wert" werde von den Lehrern, Freunden und Verwandten am Erfolg ihrer Kinder gemessen, können deren schulische Probleme zu einer starken Belastung werden, vor allem natürlich bei einem negativen Selbstbild.

Wenn Eltern Ratschläge nicht annehmen können

Der Widerstand von Eltern kann sich aber auch speziell gegen die Veränderungsziele richten. Während es auf der Ebene sehr allgemeiner Zielformulierungen („Detlef soll sich mehr konzentrieren!") selten Anlässe für Widerstand gibt, liegen diese sehr viel näher, wenn es sich um konkrete Vorstellungen handelt, die mit unmittelbaren Konsequenzen verbunden sind.

Werden den Eltern Übungen oder Verhaltensweisen angetragen, die nicht in ihre Handlungsmuster passen, trägt dies eventuell zur Problemverschärfung bei. Eltern und Lehrer müssen sich also um Verständigung bemühen, um wechselseitig ihre Sichtweisen kennenzulernen.

Wenn „mit Kanonen auf Spatzen geschossen" wird

Ferner sollte die Verhältnismäßigkeit der Mittel gewahrt sein. Wenn gleich zu Beginn massive, das Selbstkonzept bedrohende Schritte empfohlen werden – wie etwa das Aufsuchen eines Psychologen oder die Wiederholung einer Klasse –, ist eher mit Widerstand zu rechnen. Je rigider, starrer und bedrohlicher die ins Auge gefassten Mittel sind, desto schärfer wird die Reaktion sein.

Wenn Eltern sich abgelehnt fühlen

Auch kann sich der Widerstand von Eltern gegen bestimmte Interaktionsweisen im Gespräch richten. Wenn sie den Eindruck gewinnen, dass die Lehrkraft ihre Verhaltensweisen fortwährend bewertet und sie als Personen gar nicht akzeptiert, entstehen Spannungen, die sich negativ auf die Zusammenarbeit auswirken. Dabei können dann Erfahrungen aus der eigenen Schulzeit die Situation zusätzlich belasten.

Wenn Eltern noch Zeit brauchen und sich orientieren müssen

Der Lehrer muss außerdem das individuelle Tempo der Veränderungsprozesse einer Familie beachten. In Familiensystemen mit rigiden, verwickelten Beziehungsstrukturen mag Veränderung kaum wahrnehmbar, in flexibleren, für neues Verhalten offenen Familien kann sie dagegen sehr markant sein.

Das Phänomen „Widerstand" ist aber auch als Indikator für das Maß an Vertrauen zwischen Familie und Lehrer anzusehen. Die Ratschläge des Lehrers werden unter Umständen deshalb nicht angenommen, weil die Beziehung zwischen Elternhaus und Schule bereits gestört ist.

Der Lehrer muss bedenken, ob er konkrete Hilfen anzubieten hat oder lediglich durch ein Gespräch informieren möchte, damit die Eltern von sich aus initiativ werden. Er ist aber auch gehalten, den Eltern Zeit zu lassen, Veränderungen behutsam durchzuführen. Die gemeinsam vorgenommene Problemdefinition und Zielformulierung – wobei der Beitrag des Lehrers am Problem durchaus klar werden sollte – bildet eine wesentliche Voraussetzung, um das Auftreten von Widerstand zu vermeiden.

Wenn die Verständigung nicht gelingt

Gelingt die Einigung nicht, muss in einem weiteren Schritt nach anderen Darstellungsformen des Problemfeldes, der Ziele, der Mittel und der Interaktionsformen gesucht werden.

Um eine günstige Ausgangsbasis für eine Problembewältigung zu schaffen, eignet sich die Strategie der kleinen Schritte, also die Planung und Realisierung von Teilzielen. Denn ein langfristiges, weiträumiges Konzept mit hohem Aufwand führt auch die Möglichkeit des Scheiterns vor Augen, und dann besteht die Gefahr, dass Eltern der Mitarbeit ganz aus dem Wege gehen.

An dieser Stelle kann es aber auch sinnvoll sein, einen Experten hinzuzuziehen (s. Baustein 6).

Wenn eine einseitige Schuldzuschreibung erfolgt

Der Umgang mit dem Faktor „Widerstand“ erfordert außerdem das Nachdenken des Pädagogen darüber, inwiefern sein eigenes Verhalten bei der Entstehung und Ausprägung der Schwierigkeiten eines Schülers mitgewirkt hat. Eltern können den Eindruck gewinnen, der Lehrer blende mögliche eigene Anteile von vornherein aus und versuche mit dem Problem dadurch fertig zu werden, dass er es auf jemand anderen abschiebt. Dann bleibt ihnen – schon aus Gründen des Selbstschutzes – nichts anderes übrig, als sich diesem Verfahren zu verweigern, die vorgeschlagenen Maßnahmen also zu unterlaufen oder zu blockieren.

Baustein 5:
Ein Unterstützungsprogramm mit dem Schüler durchführen

Das Veränderungsprogramm basiert auf einem lernpsychologischen Ansatz, durch den die Selbstkontrollfähigkeiten verbessert werden sollen. Das Vorgehen ist konkret, überschaubar und nachweislich effektiv. Zunächst einige Vorbemerkungen, dann zur Vorgehensweise.

Viele unangemessene Verhaltensweisen von Schülern sind als Gewohnheiten ausgebildet, d.h., es handelt sich um weitgehend automatisch ablaufende Verhaltensweisen mit einem geringen Grad an Bewusstheit. Die bewusste Wahrnehmung von Gewohnheiten ist aber Voraussetzung dafür, dass Verhaltensänderungen möglich werden. Die Wahrnehmung erfolgt über Selbstbeobachtung. Diese hat bereits einen therapeutischen Effekt.

Wenn Schüler aufgefordert wurden, auf bestimmte Verhaltensweisen zu achten, berichteten Lehrkräfte anschließend oft, dass diese Verhaltensweisen nicht mehr oder in geringerem Maße auftraten. Selbstbeobachtung ist die Voraussetzung für eine Selbstbewertung („Ich beteilige mich zu selten am Unterricht.“).

Das unangemessene Verhalten wird in kleinen Schritten abgebaut, die der Schüler absolviert. Das angemessene Verhalten wird verstärkt. Etwas Neues (anderes) zu erproben, erfordert oft einen Anreiz, damit dieses Ziel über einen längeren Zeitraum systematisch verfolgt wird.

Ziele sollten realistisch formuliert, d.h. eng umschrieben sein (vgl. Baustein 2). Bei einem Schüler, der z.B. immer wieder stört, geht es darum, zunächst jene Verhaltensweise zu reduzieren, die für die meisten Folgeprobleme verantwortlich ist. Das Ziel formuliert die Lehrkraft. Beispiel: Ein Schüler spricht nur, wenn er sich gemeldet hat und aufgerufen wurde. In einem gemeinsamen Gespräch wird dem Schüler und seinen Eltern das Unterstützungsprogramm erläutert. Die Schrittfolge lautet:

1. Selbstbeobachtung einer vereinbarten Verhaltensweise (eine Woche lang). Feststellung der Häufigkeit während einer Schulwoche.
2. Am Freitag: Besprechung der Liste, Festlegung des Zieles (Auftretenshäufigkeit) und Vereinbarung einer Belohnung, wenn das Ziel erreicht wird. Gibt es für den Schüler keine geeignete Belohnung in der Schule, muss vorher eine Belohnung durch die Eltern verabredet werden.
3. Selbstbeobachtung der vereinbarten Verhaltensweise, Reflexion am Freitag, ob das Ziel erreicht wurde, und Festlegung für die kommende Woche usw.
4. Ziel: Nach etwa sechs Wochen soll sich die Verhaltensweise in einem akzeptablen Maß bewegen.
5. In der ersten Woche führt der Schüler eine Strichliste. Er notiert, wie häufig er eine verabredete Regel nicht eingehalten hat. Das ist die Ausgangslage, von der aus die Häufigkeit des Verhaltens reduziert werden soll.
   Beispiel:
   Der Schüler stört durch häufiges Dazwischenreden im Unterricht. In der ersten Woche notiert er drei Versionen seines Verhaltens:
   Ø = Ich habe mich gemeldet und bin aufgerufen worden.
   O = Ich habe mich gemeldet und bin nicht aufgerufen worden.
   | = Ich habe geredet, ohne dass ich aufgerufen wurde.
   Diese Symbole trägt der Schüler in seinen Stundenplan eine Woche lang ein.

Stunde	Montag	Dienstag	Mittwoch	Donnerstag	Freitag
1.	ØO|	||	ØØ	Ø	O
2.	O|	Ø	ØO	||	Ø|
3.	||	O	Ø	Ø	||
4.	Ø	||	||	O	Ø
5.	ØO	Ø	O	ØØ	||
6.	Ø	||	O	||	O

Am Ende der ersten Woche wird ein Ziel definiert, z. B. Abbau der Striche (statt 21 nun maximal 13 Striche) und Erhöhung der Kreise mit Schrägstrich auf 20. Außerdem wird mit dem Schüler eine Belohnung für das Erreichen des Ziels vereinbart.

Die Belohnung muss für das Mädchen, den Jungen auch wirklich etwas Positives sein. Es können soziale Aktivitäten gewählt werden (etwas gemeinsam unternehmen), aber auch materielle Belohnungen kommen (vorübergehend) infrage. Die Belohnung kann in der Schule erfolgen. Falls sich dort nichts anbietet, sind die Eltern gefordert.

In der kommenden Woche führt der Schüler diese Liste weiter. In der ersten Woche ist wichtig, dass dieses Ziel sich nur in geringem Maße von der Ausgangshäufigkeit unterscheidet. Damit ist gewährleistet, dass der Schüler das Ziel erreicht und die verabredete Belohnung erhält. Dies wiederum sichert die Motivation, „weiter am Ball zu bleiben". Die Liste wird am Freitag von der Lehrkraft kontrolliert.

Zu Beginn jeder weiteren Woche wird mit dem Schüler ein neues Ziel besprochen und mit ihm verabredet, welche Belohnung er erhalten soll, wenn er dieses Ziel erreicht. Das Programm ist auf etwa sechs Wochen angelegt. Dann sollte sich die Häufigkeit des Störverhaltens im normalen Rahmen (nicht bei null) bewegen. Nach etwa zwei Monaten sollte nochmals eine einwöchige Selbstbeobachtung durchgeführt werden, um die Aufmerksamkeit erneut auf das betreffende Verhalten zu richten. Zum Abschluss des Programms wird in einem Gespräch Bilanz gezogen und gegebenenfalls überlegt, ob noch weitere Maßnahmen notwendig sind. So ist z. B. zu prüfen, ob ein wirksames, angemessenes Belohnungssystem gefunden wurde.

Baustein 6: Experten hinzuziehen – Der Runde Tisch

Wenn der Lehrer und die Familie ihre Einflussmöglichkeiten erfolglos ausgeschöpft haben, sollten sie einen Experten hinzuziehen. Eine angemessene Vorgehensweise besteht darin, den Fachmann zu einem gemeinsamen Gespräch mit allen Beteiligten einzuladen, um zu besprechen, was bereits unternommen wurde. Der Experte kann dann seinerseits vortragen, welche weiteren Möglichkeiten des Handelns er sieht. So wird für Transparenz gesorgt – die Grundlage für eine erfolgreiche Beratung.

Baustein 7: Kollegiale Fallbesprechung

Die kollegiale Fallbearbeitung ermöglicht es Lehrkräften, Konflikte und Probleme mit Schülern und Lerngruppen so zu bearbeiten, dass die persönlichen Anteile deutlich werden und die Dynamik der jeweiligen Beziehungen hervortritt. Durch die Konzentration der Beteiligten auf einen Fall, durch das strukturierte Arrangement der Vorgehensweise und die erforderliche Kontinuität der Zusammenarbeit in einer Gruppe werden Vertrauen, Offenheit und Konfliktlösungskompetenzen gefördert. Die kollegiale Fallbearbeitung macht sich die kooperative Potenz der Gruppe zunutze, indem sie die persönlichen Erfahrungen und Kompetenzen sowie die Kreativität der Teilnehmer auf einen gemeinsamen Punkt konzentriert. Sie ermöglicht es, kognitives, emotionales und soziales Lernen miteinander zu verbinden, und verringert so das Gefühl der Isolation. Der Ablauf des Treffens vollzieht sich üblicherweise in drei Schritten:

- Der Ratsuchende legt sein Problem dar.
- Die Gruppenmitglieder fragen zurück, schildern eigene Erfahrungen und entwickeln Lösungsideen.
- Der Ratsuchende nimmt Stellung dazu (prüft die vorgestellten Ansätze) und legt sein weiteres Vorgehen fest.

Die optimale Gruppengröße liegt bei ca. 8–10 Teilnehmern. Ein 14-täglicher Tagungsrhythmus hat sich als günstig erwiesen. Die Dauer einer einzelnen Sitzung sollte zwei Stunden nicht überschreiten, da sonst die Gefahr des Zerredens besteht. Im Wechsel übernimmt jeweils ein Teilnehmer die Aufgabe, für günstige äußere Bedingungen zu sorgen und die Einhaltung der Arbeitsschritte zu gewährleisten. Er achtet als Moderator nur auf die Struktur des Ablaufes und die Einteilung der zur Verfügung stehenden Zeit. Um ungestört und produktiv arbeiten zu können, sollte ein geeigneter Raum gefunden werden. Ein Wohnzimmer (mit Kaffee und Kuchen) verführt zum Plaudern, das Lehrerzimmer der eigenen Schule ist in der Regel mit Alltags- und Stressfantasien belegt.

Die folgende Übersicht kann den Gruppenmitgliedern als „Merkblatt“ dienen.

Handout zum Stichwort „Kollegiale Fallbesprechung“

I Der Rahmen

- Jedes Gruppenmitglied kann zu Beginn (kurz!) ein Ereignis oder Problem vorstellen, das als Thema des Treffens infrage kommt. Die Gruppe entscheidet dann, welcher Beitrag ausgewählt wird. Als Auswahlkriterium kann man den Grad der Betroffenheit, den Leidensdruck des Ratsuchenden zugrunde legen.
- Für alle Beiträge und Vorgänge gilt das Gebot der Vertraulichkeit.
- Jeder Teilnehmer erklärt seine Bereitschaft, zum Gelingen der Treffen beizutragen.
- Der Ratsuchende entscheidet, worüber gesprochen wird, was konkretisiert oder präzisiert werden sollte und worin für ihn die Hilfe der Gruppe bestehen soll (kann). Es liegt in seiner Hand, wie er mit den Gedanken, Hinweisen und Tipps der Gruppenmitglieder umgeht und an welcher Stelle er das Gespräch beenden möchte.

II Die Rollenverteilung

- Der *Ratsuchende* ist die Hauptperson. Er bestimmt das Thema, die Intensität des Klärungsprozesses und den Abschluss des Gesprächs.
- Der *Moderator* sorgt für günstige äußere Bedingungen und strukturiert das Treffen (formaler Ablauf, Transparenz; eventuell Fixierung der Zwischenergebnisse und Impulse zur Vertiefung).
- Ein *Helfer* notiert Fragen und Probleme, die ins Spiel gekommen sind, in der aktuellen Situation aber nicht aufgegriffen werden konnten.

III Die Durchführung im Einzelnen

Der *Ratsuchende* trägt spontan-assoziativ sein Anliegen vor. Er schließt mit einer prägnanten, konkreten Formulierung seines Wunsches: „Wie kann ich erreichen, dass ...?“

Auf die folgenden Punkte sollte er dabei eingehen:

- Wer alles und was alles ist (wie) im Spiel?
- Welcher Vorfall kennzeichnet als Schlüsselsituation die Problemlage?
- Welche Gefühle, Stimmungen und Verhaltensweisen löst das Nachdenken oder Sprechen über die Problemsituation bei ihm aus?

Die *Gruppenmitglieder* hören konzentriert zu, registrieren ihre eigenen Gefühle und Gedanken, stellen aber während der Darlegung keine Fragen, verzichten vor allem auf Analysen und „hilfreiche Vorschläge“.

IV Reaktionen

Brainstorming: Was haben die Gruppenmitglieder selbst schon in diesem Themenfeld erlebt – und wie haben sie jeweils reagiert? Welche Ideen können sie

mitteilen, welche Lösungsvorschläge unterbreiten? (keine kritischen Einwände oder Zurückweisungen!)
In dieser Phase sind auch Rückfragen zur weiteren Klärung der vorgestellten Problemsituation möglich.

V Auswertung und Ausblick
Der Ratsuchende prüft die Ergebnisse des Treffens unter dem Aspekt ihrer Brauchbarkeit für seine spezifischen Bedürfnisse und legt gegebenenfalls sein weiteres Vorgehen fest. Er sagt zu, bei der folgenden Gruppensitzung über seine bis dahin gesammelten Erfahrungen zu berichten.

4.3 Die Trainingsraum-Idee: Der Klasse und dem Störer gerecht werden

Ein in den Vereinigten Staaten und in England entwickeltes Programm findet auch bei uns zunehmend Befürworter. Fragt man Schüler nach den Umständen, unter denen sie am besten lernen, nennen sie die Punkte „Ruhe" und „eine freundliche Stimmung". Beides ist im Schulalltag eher selten anzutreffen.

Möchte man den lernbereiten Mädchen und Jungen eine entspannte Zusammenarbeit sowie einen ungestörten Unterricht und zugleich den Störern eine Hilfe zur Änderung des Verhaltens anbieten, hilft ein Programm zum Einüben sozialen Verhaltens weiter: der „Trainingsraum".

Bevor wir zu den Einzelheiten kommen, zwei grundsätzliche Hinweise: Dieses Programm braucht einen soliden Rückhalt im Kollegium. Eine gründliche Erörterung der einzelnen Punkte erscheint deshalb unerlässlich, und die abschließende Vereinbarung ist – als gemeinsames Anliegen – auf die Mitwirkung aller Beteiligten angewiesen.

Die Basis des Ganzen heißt „gegenseitiger Respekt". Da den Lehrerinnen und Lehrern innerhalb des sozialen Vorhabens die Vorbildrolle zukommt, ist es ihr Part, den respektvollen Umgang miteinander vorzuleben und dann in ruhigem Ton diese Haltung auch von den störenden Schülerinnen und Schülern einzufordern. Auf die Unterrichtssituation bezogen, ergeben sich drei Regeln, die in den Klassen vorgestellt und besprochen werden sollten, über die aber nicht abgestimmt wird, weil Alternativen dazu nicht vorgesehen sind:
1. Jede Lehrerin und jeder Lehrer hat das Recht, ungestört zu unterrichten.
2. Jede Schülerin und jeder Schüler hat das Recht, ungestört zu lernen.
3. Jeder Einzelne muss die Rechte der anderen respektieren.

Nun zu den Details des Programms. Ein Schüler, dessen Aktivität nicht auf den Unterricht bezogen ist, der vielmehr durch sein Verhalten die Lernatmosphäre beeinträchtigt, wird zunächst im Klassenraum respektvoll ermahnt. Stört er weiterhin, muss er die Klasse verlassen und mit einem Informationszettel in den sogenannten Trainingsraum gehen. Dort betreut eine Lehrkraft die Störer aus allen Jahrgängen: Sie berät und hilft bei der Erstellung eines Rückkehrplanes. In diesem Plan schlägt der Schüler eine Vereinbarung vor, die eine konkrete, beobachtbare Alternative zu dem störenden Verhalten darstellt. Nur durch die Vorlage des Rückkehrplanes ist die Wiedereingliederung in den Unterricht des betreffenden Kollegen möglich.

Während des Aufenthalts im Trainingsraum gilt – wie in der Klasse – die Regel des gegenseitigen Respekts. Stört der Schüler, statt einen Verhaltens-Vorschlag zu erarbeiten, wird er nach Hause geschickt und kann nur in die Schule zurückkehren, wenn er mit einem Elternteil zu einem Beratungsgespräch kommt. Tritt mittelfristig keine Besserung ein, werden auch außerschulische Partner wie zum Beispiel die Jugendhilfe um Mitwirkung gebeten.

Bei der Umsetzung der Trainingsraum-Idee in die Praxis helfen die folgenden Materialien.

Information für das Kollegium (eventuell Antrag an die Gesamtkonferenz)

Wir wollen eine demokratische, zur Gesellschaft hin offene Schule sein, in der ein angenehmes Klima auf der Basis des gegenseitigen Respekts herrscht. Eigene Bemerkungen:
Die Schüler sollen ihre Lernmöglichkeiten und Leistungsfähigkeiten entfalten und ihre Persönlichkeit entwickeln können. Das vorrangige Ziel eines Lehrers soll darin bestehen, der Klasse lernintensiven, ungestörten Unterricht anzubieten. Eigene Bemerkungen:
Jede Lehrerin und jeder Lehrer wird deshalb die lernbereiten Schüler vor Mitschülern schützen, die häufig den Unterricht stören oder sich beleidigend (verletzend) aufführen. Eigene Bemerkungen:

Plakattext für den Klassenraum

1. Jede Lehrkraft hat das Recht, ungestört zu unterrichten!
2. Jeder Schüler hat das Recht, ungestört zu lernen!
3. Jeder muss die Rechte der anderen respektieren!

Checkliste für die Hand des Lehrers

		Ja	Nein
1.	Stehen einer konstruktiven Zusammenarbeit mit dem aktuell störenden Schüler „Altlasten“ aus der Vergangenheit (ungeklärte Vorfälle, Streitereien, Strafaktionen) im Weg? Eigene Bemerkungen:		
2.	Ist im Kollegium Einigkeit darüber erzielt worden, was als leichte, als mittlere und als gravierende Störung zu betrachten ist? Eigene Bemerkungen:		
3.	Habe ich in der Klasse darauf hingewirkt, ruhiges, entspanntes Arbeiten in einer Haltung des gegenseitigen Respekts zu ermöglichen? Eigene Bemerkungen:		
4.	Lege ich meinen Stunden die allgemein anerkannten Kriterien guten Unterrichts zugrunde, bin ich pädagogisch „auf der Höhe der Zeit“? Eigene Bemerkungen:		
5.	Handelt es sich bei der Störung des Schülers möglicherweise um ein Signal, das auf persönliche Probleme zurückverweist? Wäre hier als Erstes ein vertrauensvolles Vier-Augen-Gespräch zu vereinbaren? Eigene Bemerkungen:		
6.	Gerät dieses Modell des (autoritativen) Anordnens in Widerspruch zu anderen Zielvorstellungen an meiner Schule (partnerschaftlicher Umgang, Abflachung der hierarchischen Struktur)? Eigene Bemerkungen:		
7.	Habe ich den Aspekt „Selbsterleben des Schülers“ bei meinen bisherigen Aktivitäten hinreichend berücksichtigt? (Wie hast du die betreffende Situation erlebt? Welche Gefühle hat sie in dir ausgelöst? Was sollte sich deiner Meinung nach ändern?) Eigene Bemerkungen:		

Bewährte Regeln für einen störungsfreien Unterricht

Ich höre zu, wenn andere sprechen.
Ich melde mich und warte, bis ich aufgerufen werde.
Ich passe im Unterricht auf und beteilige mich.
Ich spreche und verhalte mich höflich.
Ich gehe rücksichtsvoll mit anderen um.
Ich achte das Eigentum anderer.
Ich befolge die Anweisungen meiner Lehrer.

Störungen und ihre Folgen

	Beobachtete Verhaltensweisen	**Ja**	**Nein**
1.	Weicht das Verhalten des Schülers in Inhalt oder Form vom Unterricht ab? Eigene Bemerkungen:		
2.	Wurde der störende Schüler höflich, aber deutlich ermahnt? Lenkt er ein, kann der Unterricht weitergehen. Lenkt er nicht ein, muss er die Klasse verlassen und mit einem Infozettel in den „Trainingsraum" gehen. Eigene Bemerkungen:		
3.	Hat der Schüler einen Rückkehrplan erarbeitet? Eigene Bemerkungen:		
4.	Schlägt er dort eine Vereinbarung vor? Eigene Bemerkungen:		
5.	Weist die Vereinbarung eine konkrete Alternative zum störenden Verhalten auf? Eigene Bemerkungen:		
6.	Der Trainingsraumlehrer prüft den Vorschlag des Schülers und stellt eventuell klärende Fragen. Eigene Bemerkungen:		
7.	Stört der Schüler auch im Trainingsraum, wird er nach Hause entlassen und kann nur dann in die Schule zurückkehren, wenn er vorher mit einem Elternteil zu einem Beratungsgespräch in die Schule gekommen ist. Eigene Bemerkungen:		

Zum Lehrerverhalten im Trainingsraum (A)

Grundsätze für das Lehrerverhalten	✓
Höflichkeit und Respekt den Schülern gegenüber Eigene Bemerkungen:	
Keine Diskussionen über Lehrerverhalten Eigene Bemerkungen:	
Keine Ausflüchte und Strategien zur Vermeidung von Verantwortung Eigene Bemerkungen:	
Ausdrückliche Benennung des Störverhaltens und der Regeln Eigene Bemerkungen:	
Vermeiden der Warum-Frage. Stattdessen prozessorientiertes Fragen: Wie ist es dazu gekommen? Eigene Bemerkungen:	
Aufgreifen aller Schülergedanken, die sich in Richtung auf die gewünschte Verhaltensänderung bewegen; positive Verstärkung solcher Ideen Eigene Bemerkungen:	
Formulierung der Lösungsvorschläge im Regelfall von den Schülern Eigene Bemerkungen:	

Zum Lehrerverhalten im Trainingsraum (B)

Leitfaden für Trainingsraum-Gespräche[14]

– **Prüfung der eigenen Einstellung**

Der Trainingsraumlehrer muss sich klar werden, ob er mit dem Schüler arbeiten kann, der in den Trainingsraum gekommen ist, oder ob seine Beziehung zu ihm aus früheren Unterrichtssituationen belastet ist.

– **An der Situation des Gesprächspartners ankoppeln (Joining)**

In dieser Gesprächsphase wird der Kontext geklärt, aus dem heraus das Handeln des Schülers sowie seine Entscheidung für den Trainingsraum erklärbar werden. Seine Situation im Klassenraum wird verständlich. Der Trainingsraumlehrer klärt sozusagen seinen Auftrag mit dem Schüler.

14 Wir haben diese Materialien folgendem Aufsatz entnommen: Hermann Meidinger, Gesprächsführung im Trainingsraum. – In: Schwierige Schüler in den Klassen 5 – 10. Berlin: Raabe 4/5.5 , S. 5,11,12.

– **Ziele und Aufgaben klären (Goaling)**

Ziel des Trainingsraums ist es, mit den Kindern bzw. Jugendlichen einen Plan zu erstellen, wie sie sich in Zukunft störungsfreier verhalten wollen. Voraussetzung dafür ist, dass wir mit ihnen eine Vision entwickeln, wie ihr Schülerdasein aussehen würde, wenn sie nicht mehr störten, wie sie sich selbst erleben würden, wie sie von ihren Klassenkameraden gesehen würden, wie ihr Lehrer sie wahrnehmen würde, was ihr Lehrer zu ihren Eltern sagen würde, wie sich Mitschüler zu anderen Kindern äußern würden. Anzuwenden wäre zu diesem Zweck das „zirkuläre Fragen". Dabei betrachtet der Schüler sein eigenes Problem mit den Augen eines anderen Menschen, gewinnt so eine neue Perspektive und erlebt die Situation nun nicht mehr als „festgefahren", sondern als interpretierbar, je nach individuellem Standort. Dies wirkt befreiend und führt neue Möglichkeiten des Handelns vor Augen. Dem Berater wird in diesen Äußerungen einerseits der Stellenwert, den das augenblickliche Verhalten einnimmt, deutlich, und andererseits kann er abschätzen, wie plastisch die Vorstellung von einem Alternativverhalten bei dem Kind/Jugendlichen ist.

– **Ausnahmen erfragen, Ressourcen klären und Unterstützungssysteme ermitteln**

Die Fragen, die nach Ausnahmen suchen, helfen im Gespräch dabei, an bereits aufgetretene, vergangene Erfolge anzuknüpfen, um so die aktuellen Bewältigungsmöglichkeiten zu verbessern. Der Schüler lenkt den Blick auf eine Zeit und auf Situationen, in denen er sich an Regeln halten konnte, in denen er weniger durch störendes Verhalten aufgefallen ist. Zusammen mit dem Trainingsraumlehrer entdeckt er, dass sein Verhalten unterschiedliche Facetten aufweist, dass er nicht nur „Störer" ist. Es werden auch die Umstände erfasst, unter denen er nicht stört. Ein wesentlicher Aspekt ist dabei, an andere zu denken, die den Schüler bei seinem Bemühen, das Verhalten zu ändern, unterstützen können.

– **Erste konkrete Handlungsweisen werden entworfen, die in Richtung Ziel führen**

„Der Teufel steckt im Detail!" Aus diesem Grund ist es in Gesprächen wichtig, das Verhalten konkret zu planen. Dabei geht es nicht darum, mit dem Kind darüber zu sprechen, wie es dann sein wird (z. B. aufmerksam, konzentriert), sondern was es anders tun könnte. Wenn wir uns ändern wollen, müssen wir etwas anders machen. Ein System kann nicht dasselbe bleiben, wenn sich Elemente darin ändern. So können wir davon ausgehen, dass einzelne konkrete Schritte eine Veränderung auf der Verhaltensebene nach sich ziehen.

Ausgehend von der Jetzt-Situation (Störverhalten wird gezeigt) wird eine Vision entwickelt. Von dieser Vision wird ein realistisches Ziel abgeleitet.

Gesprächs-Fahrplan für Trainingsraum-Gespräche

1.	Das Problem/den Konflikt und das Regelbewusstsein erfassen
2.	Auftrags- und Zielklärung
3.	Suche nach Ausnahmen und Bewältigungsansätzen (Ressourcenklärung)
4.	Entwicklung konkreter Handlungsweisen (für den Plan des Schülers)
5.	Zuversichtsbekundung des Schülers
6.	Vereinbarung und Klärung, wie Versäumtes nachgeholt werden soll
7.	Anerkennung und Lob

Informationsblatt über Fragen, die neue Blickwinkel ermöglichen

Fragen, die im Sinne des lösungsorientierten Vorgehens gestellt werden, besitzen eine besondere Bedeutung. Dem bildhaften Denken von Kindern und Jugendlichen kommt es entgegen, wenn wir zur Darstellung der Situation im Klassenzimmer nicht einfach nur das Verhalten beschreiben lassen, sondern die Kinder dazu einladen, Metaphern und Bilder zu verwenden.

Hier einige Beispiele solcher Frageformen.

Zukunft: Verschieben der Zeitperspektive in die Zukunft
- Wenn wir uns in einem halben Jahr hier wieder zu einem Gespräch treffen und ich dich frage, was aus deinem Problem geworden ist, was wirst du mir dann antworten?
- Wenn ich am Ende des Schuljahrs deinen Lehrer oder deine Mitschüler frage, wie sich dein Störverhalten entwickelt hat, was werden sie mir sagen?

Vergangenheit: Verschieben der Zeitperspektive in die Vergangenheit
- Als du vorhin nach der ersten Störung im Klassenzimmer bleiben wolltest, was hast du gemeint, warum es dir gelingen sollte, nicht mehr zu stören?
- Warum hast du den Klassenregeln zu Beginn des Schuljahrs zugestimmt? Warum meintest du damals, dass du sie einhalten wirst?

Hypothese: Ideen über „Was wäre, wenn ...?“
- Angenommen, ich würde dir sagen, du störst, weil du zu wenig gefrühstückt hast? Was wäre anders für dich?
- Angenommen, deine Mitschüler wüssten, dass du aus diesem oder jenem Grund störst, was wäre für sie anders? Wie würden sie dich dann sehen?

Metapher: Ein Bild entwerfen und von diesem Bild aus weiterfragen
- Wenn du sagst, in deinem Stören bist du ein Langstreckenläufer, zählst du da zu den Landesbesten, den Bundesbesten, zur europäischen oder zur Weltspitze?
- Wenn du mit deinem Störverhalten ein Gebäude darstelltest, wärst du ein Wolkenkratzer, ein Hochhaus, ein Wohnblock, ein Einfamilienhaus oder eine Blockhütte?
- Wir wollen dein Stören mit einem Berg vergleichen – wie hoch ist er? So hoch wie der Mount Everest, wie die Zugspitze oder wie ein Hügel?

Operationalisierungen: machen das Problem „greif"-bar
- Woran würdest du erkennen, dass sich dein Problem jetzt verringern wird?
- Woran würde ich erkennen, dass sich dein Problem jetzt verringern wird?

Ausnahmen: richten den Fokus auf „störungsfreie" bzw. erwünschte Zeiten
- Woran erkennst du, dass du den Unterricht störst? Was machst du dann anders als sonst?
- Wenn du also den Unterricht weniger störst: Woran erkennst du, dass das so ist?

Perspektivenwechsel: verändern den Blickwinkel
- Was glaubst du, wie jemand anders dein Stören beschreiben würde? Mitschüler, Mädchen oder Jungen, Lehrerin oder Lehrer, ...?

„Paradox": führt Widersprüche, Absurditäten und Unlogik ein
- Was könntest du tun, dass dieses Problem für die Lehrerin / den Lehrer noch schlimmer wird?
- Was glaubst du, können wir hier tun, damit dein Problem noch schlimmer wird?

Der emotionale Charakter solcher Fragen sorgt für Bewegung in der Sache.

Rückkehr in den Unterricht; zusätzliche Hilfsangebote

– Der Schüler geht **mit dem Rückkehrplan in den Unterricht** des Lehrers, der ihn in den Trainingsraum geschickt hat.
  Eigene Bemerkungen:

– Solange der Lehrer den Plan nicht gelesen hat, ist der Schüler **auf Probe in der Klasse**.
  Eigene Bemerkungen:

– Sobald der Lehrer ein paar Minuten Zeit hat, wird der **Plan besprochen** und die Vereinbarung festgelegt. Der **Schüler darf** bei der Rückkehr in den Unterricht **keine Störung verursachen**.
  Eigene Bemerkungen:

– Stört er den Unterricht, wird der Plan nicht gelesen und der Schüler zwecks Ergänzung seines Vorschlags **in den Trainingsraum zurückgeschickt**.
  Eigene Bemerkungen:

– Die **Rückkehrpläne** eines Schülers werden miteinander verglichen; sie **sollen Verbesserungen aufweisen**. Falls dies über eine gewisse Zeit nicht zu erkennen ist, wird ein **Interventionsgespräch mit den Eltern** vereinbart.
  Eigene Bemerkungen:

– Dabei sollte auch die **Kooperation mit außerschulischen Partnern**, z. B. der Jugendhilfe, genutzt werden.
  Eigene Bemerkungen:

Was berechtigt zu der Annahme, die Initiative „Trainingsraum“ verbessere das Sozialgefüge einer Schule? Den allermeisten Schülern ist es wichtig, in der Klasse zu sein und zur Gemeinschaft zu gehören. Dies gilt auch für Schülerinnen und Schüler, die häufig stören. Wollen sie in der Klasse bleiben, müssen sie mit dem Lehrer einen Kompromiss schließen. Ihnen liegt aber zugleich daran, ein weiteres, sehr wichtiges Anliegen durchzusetzen: das tun zu können, wonach ihnen im Augenblick der Sinn steht. In dieser Zwickmühle steckend, müssen sie irgendwann entscheiden, was ihnen wichtiger ist: wie alle anderen im Klassenraum diszipliniert zu arbeiten – oder eben im Trainingsraum Rückkehrpläne zu basteln.

Zu den Aufgaben des Lehrers gehört es, immer wieder in Erinnerung zu rufen, dass nicht beides gleichzeitig zu haben ist. Nur durch Beharrlichkeit des Pädagogen (stetes Üben, geduldiges Wiederholen) gelangen störende Schüler zu der Erkenntnis, dass sie sich für das sozial verantwortliche Verhalten entscheiden müssen, wenn sie Mitglied der Lerngemeinschaft sein möchten. So attraktiv die Trainingsraum-Idee zunächst auch wirkt: Bei näherem Hinsehen entsteht doch einiges Unbehagen, denn der Schüler gerät hier massiv in die Objektrolle. Er findet sich wieder in einem dichten Netz aus Regelungen und Vorschriften, denen er nicht mehr entkommen kann. Mehr noch: Er hat alle gegen sich, die eigenen Klassenkameraden, den Lehrer und zu Hause höchstwahrscheinlich auch die Eltern.

Alle differenzierenden, abwägenden Fragestellungen scheinen hier unnötig zu sein: Definiert allein der Lehrer, was unter einer „Störung" zu verstehen ist? Spielt die Unterrichtsqualität des Pädagogen überhaupt keine Rolle? Sind nicht auch manche „Störungen" ernst zu nehmende Signale, sich einmal persönlich um den Schüler – nicht um dessen Verhalten – zu kümmern? Und außerdem: Nach einem partnerschaftlich angelegten Verfahren sieht das Programm „Trainingsraum" nicht gerade aus, geschweige denn nach einem Beispiel für die aktuell erörterte Vereinbarungskultur an Schulen. Es bleibt andererseits als Hauptpunkt festzuhalten, dass hier ein Vorschlag unterbreitet wird, der dem ewigen Ermahnen und Tadeln ein Ende setzt und der neue Handlungsmöglichkeiten eröffnet.

Um jedoch den eben geäußerten Bedenken Rechnung zu tragen, kann der Lehrer mithilfe einer Checkliste – ganz im Sinne der systemischen Vorgehensweise – zusätzlich den Blick auf die angesprochenen Aspekte richten und so ein erweitertes Verständnis der Situation entwickeln (s. S. 85). Hieraus ergibt sich aller Wahrscheinlichkeit nach ein Handlungsansatz höherer Qualitätsstufe: Der Lehrer berücksichtigt das Netz voneinander abhängiger Faktoren – und wird damit der Komplexität solcher Szenarien eher gerecht.

Neue Handlungsmöglichkeiten werden allerdings erst eine nachhaltige Veränderung der Praxis bewirken, wenn das Kollegium aus leidvoller Erfahrung weiß, dass Innovationen der fachlichen wie der personellen Absicherung bedürfen – und entsprechend handelt. Es genügt nicht, einen Raum zur Verfügung zu stellen und einen Lehrer als Aufsichtsperson dort zu etablieren.

Die Kompetenz der Lehrkräfte, die im Trainingsraum mit dem Schüler sprechen, sollte auch den Faktor „qualifizierte Gesprächsführung" umfassen.

Außerdem erfordert dieses Konzept eine Unterstützung der Schülerinnen und Schüler im eigenverantwortlichen Denken und Handeln durch die gesamte Schule (nicht nur durch die Trainingsraumlehrer).

Wie andere pädagogische Vorhaben und Ideen (Konzepte) ist auch der Trainingsraumgedanke vom Verblassen und allmählichen Verschwinden in den Niederungen des Alltags bedroht. Also braucht man jemanden aus dem Kollegium, der diese Sache zu seiner eigenen macht, der sich als geduldiger, aber auch hartnäckiger Kümmerer für das Implementieren, für Evaluationsabschnitte, Modifizierungs- und Kräftigungsmaßnahmen verantwortlich fühlt.

4.4 Die rechtliche Seite der Unterrichtsstörungen: Erziehungs- und Ordnungsmaßnahmen

Manchmal helfen auch die gut gemeinten pädagogischen Maßnahmen nicht weiter. Wir haben deshalb abschließend einige Informationen zusammengestellt, die sich mit Erziehungsmitteln und Ordnungsmaßnahmen beschäftigen. Die Vorgehensweisen variieren von Bundesland zu Bundesland.

Erziehungsmittel

Stören Schülerinnen und Schüler den Unterricht oder kommen sie ihren Pflichten nicht nach, können von den einzelnen Lehrkräften, vom Klassenlehrer oder von der Klassenkonferenz Erziehungsmittel als pädagogische Maßnahmen angewendet werden. Im Rahmen ihrer pädagogischen Verantwortung verfügt jede Lehrkraft über unterschiedliche Möglichkeiten, auf Störungen und Konflikte im Unterricht – Unaufmerksamkeit, Unpünktlichkeit, Unvollständigkeit der Arbeitsmittel, unangemessenes Verhalten – zu reagieren. Zu den Erziehungsmitteln ohne sanktionierenden Charakter gehören

- die Ermahnung,
- der Tadel und
- das Gespräch unter vier Augen (oder in kleinem Kreis).

Klassenlehrerinnen und -lehrer können mit ihren Lerngruppen Vereinbarungen über angemessenes Verhalten in der Schule schließen, Gesamtkonferenzen eine verpflichtende Charta als Grundlage des Zusammenlebens aller Mitglieder der Schulgemeinschaft verabschieden.

Diese Erziehungsmittel haben keine Auswirkungen auf die Rechtsstellung der Schülerin oder des Schülers. In Betracht kommen zum Beispiel:

- Wiederholung nachlässig gefertigter Arbeiten,
- zusätzliche häusliche Übungsarbeiten, die als Trainingsmaterial geeignet sind, also nicht zu mechanischen Schreib- und Lernübungen werden dürfen,
- besondere schulische Arbeitsstunden unter Aufsicht nach vorheriger Benachrichtigung der Erziehungsberechtigten,
- Wiedergutmachung eines angerichteten Schadens; sie muss zumutbar und dem missbilligten Verhalten angemessen sein,
- Auferlegung besonderer Pflichten, die im Zusammenhang mit dem beanstandeten Verhalten stehen,
- Verweisung aus dem Unterrichtsraum,
- Ausschluss von einzelnen Schulveranstaltungen (zum Beispiel von Schulwanderungen, Sportfesten, Schulfeiern) durch die Klassenkonferenz mit schriftlicher Benachrichtigung der Erziehungsberechtigten.

Rechtsmittel können gegen Maßnahmen dieser Art im Allgemeinen nicht eingelegt werden. Die unterrichtende Lehrkraft wird in der Regel von der mündlichen Rüge, der Wiederholung nachlässig gefertigter Arbeiten, der Anfertigung zusätzlicher häuslicher Übungsarbeiten und der vorübergehenden Wegnahme von Gegenständen Gebrauch machen. Die Klassenkonferenz entscheidet zum Beispiel über die Wiedergutmachung eines angerichteten Schadens oder den Ausschluss von bestimmten Schulveranstaltungen, wenn wegen eines Verstoßes gegen die Pflichten zwar keine Ordnungsmaßnahme verhängt wird, das Schülerverhalten gleichwohl nicht ohne Konsequenzen bleiben soll.

Ordnungsmaßnahmen

Von den Erziehungsmitteln zu unterscheiden sind die Ordnungsmaßnahmen, die bei groben Pflichtverletzungen der Schülerinnen und Schüler infrage kommen. Sie greifen in die Rechtssphäre der Betroffenen ein. Ordnungsmaßnahmen sind Verwaltungsakte, die mit Widerspruch und Klage vor dem Verwaltungsgericht angefochten werden können. Mit diesen Maßnahmen reagiert die Schule auf grobe Pflichtverletzungen von Schülerinnen und Schülern. Die Interventionen zielen darauf ab, einerseits erzieherisch zu wirken und andererseits einen ordnungsgemäßen Schulbetrieb zu gewährleisten.

Ordnungsmaßnahmen sollte die Schule so weit wie möglich vermeiden. Wird jedoch ihr Bildungsauftrag durch das Fehlverhalten einer Schülerin oder eines Schülers gefährdet und haben die angewandten Erziehungsmittel nichts gefruchtet, ist eine verschärfte Gangart unumgänglich. Auch auf ein Fehlverhalten außerhalb des Schulgebäudes oder des Schulgeländes kann mit einer Ordnungsmaßnahme reagiert werden, wenn der Vorfall in einem unmittelbaren räumlichen und zeitlichen Zusammenhang mit dem Schulbesuch steht, sich also z. B. auf Schulfahrten, bei Sportfesten oder auf dem Schulweg ereignet. In Betracht kommen zum Beispiel:

- die Überweisung in eine Parallelklasse,
- die Überweisung an eine andere Schule derselben Schulform,
- die Androhung des Ausschlusses vom Unterricht bis zu drei Monaten,
- der Ausschluss vom Unterricht bis zu drei Monaten,
- die Androhung der Verweisung von allen Schulen,
- die Verweisung von allen Schulen.

Die Androhung stellt eine förmliche Missbilligung des Fehlverhaltens einer Schülerin oder eines Schülers dar und bedeutet zugleich eine Warnung, dass bei Fortsetzung oder Wiederholung des missbilligten Verhaltens oder bei einem ähnlichen Verhalten ein Ausschluss vom Unterricht bis zu drei Monaten oder eine Verweisung von allen Schulen erfolgen kann. Allerdings ist mit der Androhung nicht die Konsequenz verbunden, dass jede weitere Verletzung der Schülerpflichten gleichsam automatisch zur Verhängung der angedrohten Maßnahme führt. Die dafür zuständigen Konferenzen sind in ihrer Entscheidung nicht gebunden.

Der Ausschluss vom Unterricht bedeutet das Verbot, an den unterrichtlichen und außerunterrichtlichen Veranstaltungen teilzunehmen. Er ist mit dem Verbot verknüpft, das Schulgrundstück zu betreten. An eine andere Schule derselben Schulform kann eine Schülerin oder ein Schüler nur überwiesen werden, wenn diese Schule in einer zumutbaren Entfernung liegt. Hieraus ergibt sich, dass diese Ordnungsmaßnahme bestimmten Schulen, etwa Gymnasien in ländlichen Bereichen, faktisch nicht zur Verfügung steht. Das gilt auch für Gesamtschulen, solange deren Zahl so gering ist wie bisher. Für diese Schulform ist noch zu beachten, dass wegen der unterschiedlichen Schulstruktur und der Unterschiede bei der Ausgestaltung des Bildungsangebots die Möglichkeit der Überweisung von einer Integrierten zu einer Kooperativen Gesamtschule (oder umgekehrt) im Einzelfall geprüft werden muss. Generell erscheint eine Umorientierung für eine Schülerin oder einen Schüler bis zum 7. Schuljahr noch zumutbar.

Die skeptische Frage, ob die Ordnungsmaßnahmen, die zu einem (befristeten) Ausschluss aus der sozialen Gruppe führen, wirklich geeignet sind, insbesondere auf die „Problemschüler" erzieherisch einzuwirken, hat eine breite Diskussion über andere Reaktionen der Schule ausgelöst. Konzepte der Streit-/Konfliktschlichtung und des Täter-Opfer-Ausgleichs finden unter dem Sammelbegriff „Mediation" zunehmend Resonanz in den Schulen.

Das bei allen Ordnungsmaßnahmen zu beachtende Gebot der Verhältnismäßigkeit der Mittel bedeutet nicht, dass eine bestimmte Reihenfolge – vom mildesten zum schärfsten Mittel – eingehalten werden müsste. Dem befristeten Ausschluss vom Unterricht und der Verweisung von allen Schulen hat aber grundsätzlich die „Androhung" dieser Maßnahmen vorauszugehen. Nur in besonders schweren Fällen ist die unmittelbare Anwendung möglich. Die Gründe, weshalb eine bestimmte Ordnungsmaßnahme für angemessen und eine „mildere" Maßnahme für nicht ausreichend gehalten worden ist, sind in der Konferenzniederschrift festzuhalten. Auch der Bescheid, den die Erziehungsberechtigten erhalten, muss mit einer Begründung versehen werden, die nicht nur Aussagen zum festgestellten Fehlverhalten enthält, sondern aus der sich auch die wesentlichen Gesichtspunkte der Ermessensentscheidung ergeben.

Die Überweisung in eine Parallelklasse kann nur vollzogen werden, wenn ihr die Schulleitung zustimmt. Der angeordnete Wechsel an eine andere Schule derselben Schulform und die Verweisung von allen Schulen bedarf der Genehmigung durch die unmittelbar vorgesetzte Schulbehörde. Muss auf ein gravierendes Fehlverhalten unmittelbar reagiert werden – weil zum Beispiel die Sicherheit anderer Schülerinnen und Schüler oder der Lehrkräfte gefährdet ist –, kann die Schulleiterin oder der Schulleiter die erforderliche Maßnahme treffen. Dem Betroffenen ist zuvor rechtliches Gehör zu gewähren.

Über ihre Eilmaßnahme hat die Schulleitung die Klassenkonferenz unverzüglich zu unterrichten. Eine Bestätigung dieser Maßnahme durch die Klassenkonferenz ist nicht erforderlich. Die Konferenz bewertet die Angelegenheit unabhängig von den Erwägungen der Schulleitung bei ihrer Eilentscheidung. Allerdings muss sie sich Gedanken darüber machen, inwieweit die Eilmaßnahme auf eine gegebenenfalls noch zu verhängende Ordnungsmaßnahme „angerechnet" werden soll. Sie kann auch zu dem Ergebnis gelangen, ein Erziehungsmittel festzusetzen beziehungsweise es bei der Entscheidung der Schulleitung zu belassen.

Nicht nur aus pädagogischen, sondern auch aus rechtlichen Gründen sollten die in den Erziehungsmaßnahmen liegenden Möglichkeiten voll ausgeschöpft werden, bevor Ordnungsmaßnahmen ergriffen werden. Denn die vor allem auf formelle Verweise und Ausschlussentscheidungen zielenden Ordnungsmaßnahmen wiegen zwar rechtlich schwer, da sie unmittelbar in die Rechtsstellung der Schüler eingreifen; sie haben sich aber in der Praxis in bestimmten Fällen als wenig wirksam erwiesen. Außerdem sind die Möglichkeiten hier schnell erschöpft.

Ordnungsmaßnahmen sollten aber immer dann entschlossen ergriffen werden, wenn sie zur Sicherung der schulischen Ordnung erforderlich sind. Ein derartiger Beschluss darf allerdings nicht als scheinbar einfacher Weg missbraucht werden, um wirkungsvolle Erziehungsmaßnahmen zu umgehen, weil diese ein hohes Maß an Abstimmung und Übereinstimmung im Kollegium – und mit den Eltern – voraussetzen, gegebenenfalls auch ein größeres persönliches Engagement des einzelnen Lehrers erfordern und pädagogische Phantasie und Kreativität verlangen, damit es nicht bei Lob und Tadel als erzieherischen Maßnahmen bleibt.

Die Aufzählung der Ordnungsmaßnahmen in den Länderregelungen stellt keine schematische Stufenfolge für die Anwendung dar. Ein solches schematisches Vorgehen verstieße gegen den Grundsatz der Verhältnismäßigkeit: Die Maßnahme muss unter Berücksichtigung aller relevanten Umstände des Einzelfalles in einem angemessenen Verhältnis zum Fehlverhalten stehen. Die Liste stellt daher keine Rangfolge dar, sondern allenfalls eine Aufzählung für die Überprüfung der Verhältnismäßigkeit der ins Auge gefassten Maßnahmen. Die Prüfkriterien hierfür lauten: Geeignet? – Erforderlich? – Angemessen?

„Geeignet?"

Ist die in Betracht gezogene Maßnahme überhaupt geeignet, den gewünschten Erfolg herbeizuführen? Da der Erfolg einer Maßnahme sich niemals mit Sicherheit voraussagen lässt, scheiden auf dieser Stufe der Abwägung nur offensichtlich ungeeignete Möglichkeiten aus. So würde man einen Ausschluss vom Unterricht für zwei Tage wegen einer schweren Körperverletzung als offensichtlich völlig ungeeignet einstufen, da er angesichts einer erheblichen Gefährdung der Sicherheit der Mitschüler wohl kaum als brauchbar erscheint, den Schüler zu einer Verhaltensänderung zu bewegen und eine ausreichend abschreckende Wirkung zu erzielen.

„Erforderlich?"

Dieser Maßstab verlangt, dass unter den möglicherweise geeigneten Verfahren das den Schüler am geringsten belastende, aber doch noch Erfolg versprechende Mittel ausgewählt wird. Auch hier ist wiederum eine mit zahlreichen Unsicherheiten behaftete Prognose zu leisten. Es verstieße gegen diesen Grundsatz, einfach „auf Nummer sicher" zu gehen und den Schüler wegen einer schweren Körperverletzung an eine andere Schule zu überweisen, ohne die Umstände des Einzelfalles zu würdigen.

Bei der Feststellung der belastenden Wirkung für den betroffenen Schüler sind eventuell auch dessen Leistungsstand sowie die zeitliche Nähe zu einer Versetzungsentscheidung oder zum Erreichen eines Schulabschlusses zu berücksichtigen. So ist die belastende Wirkung eines Wechsels in die Parallelklasse oder einer Entlassung von der Schule offensichtlich größer, wenn es sich um einen leistungsschwachen Schüler handelt, der kurz vor der Versetzung bzw. Nichtversetzung steht, als wenn die Maßnahme einen leistungsstarken Schüler in der ersten Hälfte des Schuljahres betrifft.

Begibt sich ein Schüler freiwillig in eine psychologische oder psychiatrische Behandlung oder nimmt er Kontakt mit einer Beratungsstelle auf, folgt daraus nicht zwingend der Verzicht auf eine Ordnungsmaßnahme. Die Schule hat vielmehr im Einzelfall zu prüfen, ob auf eine Intervention – vorläufig – verzichtet werden kann oder ob sie zum Schutz anderer Personen oder flankierend ausgesprochen werden muss.

„Angemessen?"

Schließlich darf die Maßnahme nicht völlig außer Verhältnis zum beabsichtigten Erfolg stehen, man sollte nicht „mit Kanonen auf Spatzen schießen". Das Gebot der Verhältnismäßigkeit strukturiert den Abwägungsprozess und fördert ein sorgfältiges Austarieren der betroffenen Interessen unter Einbeziehung der Persönlichkeit des Schülers und der anderen die Entscheidungssituation prägenden Faktoren. Es wirkt als Filter bei der Auswahl der Entscheidungsalternativen, begrenzt deren Zahl, ohne in jedem Fall eine „richtige" Entscheidung garantieren zu können. In der Natur der Sache liegt begründet, dass wir auf offene Fragen stoßen, wenn es um die Treffsicherheit einer Prognose und die pädagogische Bewertung eines Verhaltens geht.

4.5 Weitere Hilfen und Hinweise

Gegen das „Irgendwie"-Prinzip: Eltern brauchen Unterstützung

Weil Erziehungsprobleme den Eltern heutzutage erhebliche Schwierigkeiten bereiten können, sind Angebote der Elternbildung von besonderer Wichtigkeit. Der gesteigerte Beratungs- und Unterstützungsbedarf hat Konzepte entstehen lassen, die gezielte Antworten auf die zentralen Fragen anbieten. Die folgende Auflistung bewährter Modelle orientiert sich an einem Aufsatz von SIGRID TSCHÖPE-SCHEFFLER (2005).

Im deutschsprachigen Raum sind Programme mit sehr unterschiedlichen Ansätzen verbreitet. Zunächst sollen die drei am häufigsten eingesetzten Modelle vorgestellt werden, das Programm des Deutschen Kinderschutzbundes „Starke Eltern – Starke Kinder", das aus Australien übernommene Programm Triple P (Positive Parenting Program) und das amerikanische Programm STEP (Systematic Training for Effective Parenting). Danach nennen wir weitere relevante Vorschläge.

Das Programm **„Starke Eltern – Starke Kinder"** besteht in seinen Anfängen schon seit 1985 und wurde im Kinderschutzbund Aachen von der Begründerin PAULA HONKANEN SCHOBERTH selbst erprobt. Inzwischen gibt es allein in Nordrhein-Westfalen ca. 1000 ausgebildete Multiplikatorinnen. Aspekte der Individualpsychologie sind hier ebenso zu finden wie systemische oder kommunikationstheoretische Ansätze oder Elemente aus der Gesprächspsychologie.

Am Konzept **„Triple P"** werden mitunter die recht weit gehenden Verhaltensanweisungen und die fehlenden Möglichkeiten der Selbsterfahrung aufseiten der Eltern kritisiert. Triple P nutzt Methoden der Belohnung, des geplanten Ignorierens und der gezielten Anweisungen.

Ebenfalls bundesweit und im deutschsprachigen Ausland verbreitet ist das **STEP-Elterntraining**. Es basiert auf individualpsychologischen Grundlagen nach ALFRED ADLER und RUDOLF DREIKURS, die das Zugehörigkeitsgefühl des Individuums als Antrieb für sein Verhalten verstehen. Seit 1998 gibt es in Deutschland STEP-Kurse, die sich sehr schnell verbreiteten. Ein weiteres Konzept bildet das **Encouragingtraining**. Hier verdichtet sich der individualpsychologische Theoriehintergrund nach ALFRED ADLER und RUDOLF DREIKURS zu einem handlungsorientierten Programm, bei dem die Ermutigung von Eltern und Kindern im Mittelpunkt steht.

Schritte der Ermutigung, die notwendig sind, damit Kinder sich positiv zugehörig fühlen können, werden auch im **Kess-Erziehungstraining** erlernt, das von der Arbeitsgemeinschaft Katholische Familienbildung konzipiert wurde. Kess steht für kooperativ, ermutigend, sozial und situationsorientiert. Hier wurden weitere methodische Zugänge entwickelt, u.a. auch für die religiöse Erziehung, und es wird Wert darauf gelegt, dass durch die nur fünf Seminareinheiten auch Eltern angesprochen werden, die nicht so lange Verbindlichkeiten eingehen wollen.

In **FuN – Familie und Nachbarschaft** wird mit der gesamten Familie nach einem vorgegebenen achtstufigen, immer wiederkehrenden Rahmenstrukturprogramm gearbeitet und dabei gleichzeitig Wert auf die Vernetzung mit einer Institution (Kita) und/oder dem Stadtteil gelegt. Da dieses Konzept hauptsächlich in Zusammenarbeit mit Kindertageseinrichtungen und demnächst auch mit Schulen angeboten wird, können gezielt Eltern angesprochen werden, die einen besonderen Bedarf in der Unterstützung ihrer Erziehungsautorität haben.

Als Gegenpol zu den programmatischen Angeboten wird beim Jugendamt der Stadt Dortmund das Konzept **„Eltern Stärken“** sehr erfolgreich angeboten. Hier wird der Ablauf nicht von einem Experten und dessen didaktischer Vorüberlegung vorgegeben; vielmehr werden die für die Eltern aktuellen Themen vorwiegend dialogisch, mithilfe der zehn Kernfähigkeiten des Dialogs, gemeinsam erarbeitet. Die Eltern werden darin unterstützt, sich nicht als Opfer der Verhältnisse zu erleben, sondern ihre Lebenswelt aktiv mitzugestalten.

Konzepte wie z.B. das des Essener Interkulturellen Büros arbeiten netzwerkorientiert und integrativ mit speziellen Zielgruppen, z.B. Familien mit Migrationshintergrund, und unterstützen dabei in besonderer Weise einen dialogischen Prozess, in dem „Eltern von Eltern bzw. Mütter von Müttern lernen“.

Eltern und Familien in schwierigen Lebenssituationen zu unterstützen, kann demnach nicht nur bedeuten, ihnen Erziehungswissen zu vermitteln, sondern ist auch dem Ziel verpflichtet, gleichzeitig ihre Handlungsmöglichkeiten zu erweitern, damit sie als mitgestaltende, selbstwirksame Personen handeln können.

Zwar müssen Eltern über ein grundständiges Wissen darüber verfügen, wie Kinder sich entwickeln, welche Bedürfnisse sie haben und wie diese in Familie und Umwelt befriedigt werden können. Sie benötigen darüber hinaus aber auch flexible, neue Handlungsmöglichkeiten im Umgang mit ihren Kindern. Hierzu müssen Übungs- und Erprobungsmöglichkeiten angeboten werden, damit andere Formen der Erziehung und des Zusammenlebens ins Spiel kommen. Dabei ist auch die Frage zu berücksichtigen, wie Eltern als Erwachsene mit sich und dem eigenen Leben umgehen und in welcher Weise ihnen die Sinnorientierung gelingt. Informationen, kritische Auseinandersetzung mit dem bisherigen Verhalten, Entwicklung und Erprobung von Handlungsalternativen sind zwar unerlässlich, reichen aber nicht aus, wenn der Transfer in den Alltag gelingen soll.

Von der Motivation und der Einsicht in die Veränderung über die Einübung neuer Verhaltensweisen bis zur Realisierung im Alltag ist es ein langer und mühsamer Weg, auf dem sich viele Eltern eine fachkundige Begleitung wünschen. Da das Ziel der Betreuer nicht sein kann, ein starres Konzept zu verkünden oder pures Wissen auszubreiten, müssen sie darauf achten, genügend Zeit für die Selbstortung und Selbsterfahrung der Eltern vorzusehen. Durch Anregung und Anleitung, die eigenen Erfahrungen auf eine neue Stufe der Reflexion und Selbsterfahrung zu stellen und bei sich selbst und den eigenen Konflikten zu beginnen, erlangen Eltern mehr Verständnis für sich selbst und erkennen, dass Probleme, die sie als Erwachsene haben, sich auf die Beziehung zu ihren Kindern auswirken können.

Erziehung und Selbsterziehung gehören zusammen

Elternbildung greift zu kurz, wenn nur die erzieherische Qualifizierung der Eltern angesprochen wird und nicht auch zugleich ihre eigene Persönlichkeitsentwicklung. Mit den Worten des polnischen Arztes und Pädagogen Janusz Korczak: *„Lerne dich selbst kennen, ehe du Kinder zu erkennen trachtest. Mache dir klar, wo deine Fähigkeiten liegen, ehe du anfängst, den Kindern den Bereich ihrer Rechte und Pflichten abzustecken. Unter ihnen allen bist du selbst dein Kind, das du vor allem kennenlernen, erziehen und formen musst."*[15]

Zu dem, was Eltern sich wünschen und zur Entlastung ihrer Erziehungsaufgaben dringend benötigen, gehören des Weiteren gut funktionierende Netzwerke, die auf eine prozessbegleitende, wenn nicht gar lebensbegleitende Unterstützung angelegt sind. *Wissen, Handeln, Selbsterfahrung* und *Netzwerkarbeit* sollten die Eckpfeiler sein, die dazu beitragen, die elterliche Erziehungsverantwortung zu stärken und zu unterstützen.

15 Korczak, J. (1999): Sämtliche Werke. Bd. 4. Wie liebt man ein Kind u.a., bearbeitet und kommentiert von Beiner, F., Ungermann, S. Gütersloh: Gütersloher Verlagshaus

Elternbildung nicht *für* die, sondern *mit* den Eltern

Wenn Elternbildung allerdings davon ausgeht, dass es nur die Väter und Mütter sind, die etwas zu lernen haben und die Pädagoginnen und Pädagogen als die „Wissenden" diese Lernangebote für Eltern konzipieren, dann werden Väter und Mütter schnell zu Mängelwesen herabgesetzt und lediglich zu „Abnehmern" von Programmen und Methoden degradiert. Das hat nicht nur Einfluss auf eine partnerschaftliche Zusammenarbeit, sondern nimmt Pädagogen und Pädagoginnen auch die Chance, von Vätern und Müttern zu lernen und deren Sichtweise zu verstehen.

Eltern wollen nicht in erster Linie von Experten belehrt, beschult, trainiert oder in Sachen „richtiger Erziehung" unterwiesen werden; sie wünschen sich vielmehr eine fachkundige Begleitung bei ihrem Vorhaben, den eigenen Weg in der Erziehung zu finden. Das setzt eine wertschätzende Achtung und eine sensible Wahrnehmung der Lehrkräfte, wenn es um die unterschiedlichen (Lebens-)Verhältnisse der Eltern geht, zwingend voraus.

Der Anspruch eines ressourcenorientierten Ansatzes findet sich in fast allen Konzepten der Elternbildung, in der praktischen Umsetzung werden Eltern allerdings oft nicht als Expertinnen und Experten ihrer Mutter- bzw. Vaterrolle anerkannt. Wenn das Programm so aufgebaut ist, dass Erziehende vorwiegend als Adressaten von Lernangeboten angesprochen werden und von „Elterntrainern" lediglich mit Wissen, Informationen und detaillierten Handlungsanweisungen „versorgt" werden, bleibt das Potenzial der Teilnehmerinnen und Teilnehmer weitgehend ungenutzt. Wird demgegenüber der Beratung und Begleitung von Vätern und Müttern untereinander viel Raum gegeben, trägt dies dazu bei, einer verkürzten Fremdwahrnehmung (und Selbstwahrnehmung) entgegenzuwirken.

Elternbildung muss so konzipiert sein, dass an die Stelle der Belehrung durch „Wissende" und „Experten" die Eltern mit ihren Potenzialen in die führende Rolle gelangen, mit ihren eigenen Erziehungserfahrungen, ihren bisherigen Problembewältigungsstrategien, ihrem Umgang mit der Vater- und Mutterrolle, mit ihrem Wissen darum, was für das eigene Kind das Beste ist. [16]

Die Sozialkompetenz der Schüler fördern: eine Gemeinschaftsaufgabe

Die in letzter Zeit so nachdrücklich thematisierte Aufgabe, die Sozialkompetenz der Schülerinnen und Schüler zu entwickeln und kontinuierlich zu fördern, kann nur im Zusammenwirken der drei beteiligten Gruppen – Lehrer, Eltern,

16 Tschöpe-Scheffler, S. (2006): Stärkung der elterlichen Erziehungsverantwortung durch Angebote der Elternbildung. In: SchulVerwaltung spezial. Nr. 2/2006, S. 28–30.

Schüler – mit Aussicht auf Erfolg angegangen werden. Denn wie anderen pädagogischen Vorhaben in der Schule droht auch diesem Thema ein „Absterben in Raten“, sobald die Beteiligten es versäumen, die inhaltlichen Aspekte zu klären, die eigenen Verhältnisse (Wünsche, Vorstellungen, Ressourcen) zu analysieren und tragfähige, verbindliche Strukturen zu etablieren. Aus bisherigen Erfahrungen zu lernen heißt dann, die ins Auge gefasste neue Initiative mit Fragen zu konfrontieren. Zum Beispiel:

- Haben wir im Kollegium und im Umgang mit den Eltern die Fragen der Persönlichkeitsentwicklung hinreichend erörtert?
- Sehen wir schon deutlich – zum Beispiel aufgrund einer ausgewerteten Befragung –, wo „der Hase im Pfeffer liegt“?
- Haben wir bereits den zu erwartenden Aufwand mit unseren Ressourcen und mit den Möglichkeiten der Eltern verglichen?
- Liegen bezüglich des Zeitaufwands, der Sachkompetenz, der finanziellen Erfordernisse tragfähige Schätzwerte vor?
- Ist hinsichtlich des erforderlichen Engagements der drei genannten Gruppen von einer positiven Haltung auszugehen?

Vielleicht ist nach dieser Fragenkette der Hinweis angebracht, dass es hier nicht um Abschreckung geht; vielmehr soll daran erinnert werden, dass ein sehr komplexer Sachverhalt erst durch einen rationalen Umgang angemessen erfasst wird. Dazu gehört auch, die Vorschläge und Erfahrungen anderer Schulen zu nutzen – und die Internet-Angebote zu prüfen. Viele Schulen haben beispielsweise Programme zum Erwerb und zum Ausbau der Sozialkompetenz entwickelt, die vom Kennenlernen zu Beginn der neuen Schulform über thematisch orientierte Klassenfahrten, eine Streitschlichterausbildung und Schüler-Tutoren-Vereinbarungen bis zu Sozialpraktika reicht.

Ein Blick über den Tellerrand der eigenen Verhältnisse und Aktivitäten hinaus lohnt sich also in jedem Fall. Was kann getan werden, wenn ein Präventionsprogramm zur Verfügung stehen soll oder wenn die soziale Situation in einer Klasse dringend nach Veränderung verlangt? Was ist zu tun, wenn Störungen überhandnehmen oder der Umgangston unerträglich erscheint? Bevor sich eine Schule entscheidet, mit einer bestimmten Maßnahme – etwa Streitschlichter auszubilden – nach vorn zu gehen, müsste sie elementare Fragen selbst beantworten und danach die Vorarbeiten anderer einbeziehen. Grundlegend ist sicherlich zu klären, welche ersten Schritte der Anlass (der Vorfall, das Problem) nahelegt:

- mit dem Schüler (den Schülern) sprechen?
- einen Erziehungsvertrag mit einem Schüler schließen?
- das Thema im Rahmen einer Unterrichtsreihe oder eines Projekts von der gesamten Lerngruppe bearbeiten lassen?

- die Problematik innerhalb der Schulinternen Lehrerfortbildung (SCHILF) behandeln?
- in einem noch größeren Kreis die Eltern um Mitwirkung und Hilfestellung bitten?

Sind solche fundamentalen Aspekte geklärt, kommen externe Instanzen ins Spiel. In den Bereichen der Beratung, der Jugendarbeit, der Gesundheitsfürsorge, der Präventionsbemühungen und therapeutischen Ansätze sind zahlreiche Programme entwickelt und für die schulische Praxis eingerichtet worden, die vor allem den Punkt der Umsetzbarkeit berücksichtigen.

Nehmen wir als Beispiel das Internet. Die Datenbank „Entwicklung und Förderung von Sozialkompetenz und demokratischer Beteiligung in der Schule" bietet die Möglichkeit, gezielt Programme und Projekte anzusteuern und für die eigenen Bedürfnisse zu nutzen. Schulen, die solche Programme durchgeführt haben, berichten auf ihren Webseiten von den Erfahrungen mit den Themen, Übungen, methodischen Vorschlägen. Dies ist vor allem deshalb hilfreich, weil oft die Möglichkeit fehlt, die dargestellten Projekte und Programme nach relevanten Bewertungskriterien qualitativ zu charakterisieren. Evaluationsstudien liegen nur in Ausnahmefällen vor.

Die CD der bereits erwähnten Internet-Datenbank zur Entwicklung der Sozialkompetenz und zur Beteiligung der Schülerschaft enthält 120 Datensätze; sie soll weiter ausgebaut und im Internet verfügbar gemacht werden. Die Stichworte, die den Projekten und Programmen zugeordnet wurden, sind bewusst nicht fachwissenschaftlich ausgerichtet; sie sollen möglichst der für Lehrkräfte üblichen Begrifflichkeit entsprechen.[17]

4.6 Unterstützung durch außerschulische Institutionen

Schulpsychologie als Dienstleistung

Schule wird durch ihr breit gefächertes Aufgabenfeld immer wieder herausgefordert, Lehr-, Lern- und Lebensumgebungen zu schaffen, die kognitives, soziales und emotionales Lernen wirksam anregen und begleiten. Die Verantwortung für das Gelingen dieses Prozesses tragen Schule und Familie gemeinsam. Eine unterstützende Funktion übernehmen die Schulpsychologen. Sie beraten in Fragen der Prävention (Lern-, Lehr- und Verhaltensprobleme) wie auf dem Gebiet der Intervention (Veränderung individueller Lehr-, Lern- und

17 Modellversuch „Demokratie lernen und leben – NRW"; Werner Straub, Landesinstitut für Schule/Qualitätsagentur

Lebensbedingungen sowie der Einflussgrößen in der Institution Schule).

Wegen der Kulturhoheit der Länder lässt sich kein einheitliches Bild der Schulpsychologie in Deutschland zeichnen. Unterschiedliche Traditionen und Organisationsformen (z.B. staatliche oder kommunale Trägerschaft) sind die Ursache für verschiedenartige inhaltliche Leitlinien und Schwerpunktsetzungen der Schulpsychologischen Dienste in den Bundesländern. Die folgenden Angaben sind deshalb lediglich als Grundlinien dieser Arbeit zu verstehen.

Drei Felder schulpsychologischer Beratung

1. Ort des Lernens

Beratung der einzelnen Schule als Ort des Lehrens, Lernens und Erziehens, und zwar in Hinblick auf die pädagogische Schulentwicklung, die Gestaltung der Beziehungen von Schule zu den relevanten Institutionen, auf die Wahrnehmung ihres pädagogischen Auftrags.

2. Beratungstätigkeit

Beratung von Schülern, Lehrern und Eltern bei Fragen, die sich aus dem Leben und Lernen in der Schule ergeben, betreffend

- die jeweilige Persönlichkeit (Ich-Kompetenz),
- das Zusammenleben mit anderen Menschen (gruppeninterne Prozesse, Gruppendynamik, Sozialkompetenz),
- die Bewältigung schulischer Aufgaben (Sachkompetenz, Methodenkompetenz, Sozialkompetenz).

Die Hilfe im Einzelfall und die Schulberatung bilden zwei Aspekte eines Gesamtauftrags. Erst auf der Grundlage der Erkenntnisse aus unterschiedlichen Problemlagen der Einzelfallhilfe kann die Beratung mit ganzen Kollegien ihre Relevanz entfalten. Beide Arbeitsfelder leisten ihren Beitrag dazu, die Arbeit in den Schulen generell zu verbessern und im Einzelfall negative Schulkarrieren von Schülerinnen und Schülern zu verhindern.

Eine wichtige Aufgabe der Schulbehörde besteht darin, die vorhandenen Ressourcen zu koordinieren und weiterzuentwickeln und damit im schulgesetzlichen Rahmen zur Qualitätssicherung in den Schulen beizutragen.

3. Mitwirkung bei der Weiterentwicklung von Schule

Weil einzelne Schüler oder Lehrer stets mit der Schule als Institution und mit der eigenen Gruppe verknüpft sind, kann ein Kollegium Beratungspartner sein

- in Fragen der eigenen Organisation, der Kooperation, des Umgangs mit Konflikten,

- bezüglich seines Verhältnisses zu inner- und außerschulischen Partnern (Schulleiter, Schüler, Eltern, andere Schulen),
- hinsichtlich seiner Aufgaben: Lehren und Erziehen, Gestaltung der individuellen Schule, Aspekte der Förderung.

Die spezifische Leistung der Schulpsychologie

Schulpsychologen können ihre Erfahrungen mit Einzelpersonen, Gruppen und Systemen miteinander verknüpfen. Sie nutzen ihre Kompetenz, relevante Faktoren zu analysieren und in ihre systemische Beratung einzubeziehen, und zwar: Verhalten, Erleben, Bewusstsein und Identität von Einzelnen und von Gruppen; soziale Beziehungen; institutionelle Bedingungen und Möglichkeiten.

Schulpsychologen arbeiten mit den Beteiligten gleichermaßen auf der Inhalts- wie auf der Prozessebene und können so Ziele, Interessen und Motivationen abklären, Alternativen aufzeigen, auf mögliche Konsequenzen hinweisen, begleiten und unterstützen. Sie bringen außerdem ihr psychologisches Veränderungswissen ein, vermitteln Kompetenzen, zeigen Wege und Methoden von Veränderungsprozessen auf, machen auf Nebenwirkungen aufmerksam und wirken mit in Fragen der Evaluation.

So gestalten sie ein Bildungs- und Ausbildungssystem mit, das der einzelnen Schule und den in ihr tätigen Menschen ein wirkungsvolles und befriedigendes Arbeiten ermöglicht. Denn ihr Augenmerk ist auf zwei Felder zugleich gerichtet: sowohl auf die theoretischen Einflussfaktoren als auch auf die konkreten Rahmenbedingungen für das Verhalten der Einzelnen und für die professionelle Tätigkeit von Lehrern, Schulleitungen und Schulen (als Organisationen).

Zusammenarbeit mit der Erziehungsberatung

Verunsicherte Eltern

In Fragen der Erziehung lässt sich bei Eltern eine tiefgreifende Verunsicherung beobachten. Ihnen ist in einer sehr komplexen Umwelt die Orientierung erschwert, und besonders schwer fällt es ihnen, ein Vorbild für das eigene Kind zu sein.

Diese mangelnde Orientierung der Kinder und Jugendlichen, oft verbunden mit einem erhöhten Leistungsdruck in der Schule, bringt dort vor allem undiszipliniertes und aggressives Verhalten der Schüler hervor. Leistungsverweigerung oder Schulvermeidung gehören ebenso zu den Reaktionen wie das Entstehen von Ängsten und der depressive Rückzug aus der Klassengemeinschaft.

Die stärkere Beanspruchung der Lehrkräfte durch Erziehungsaufgaben hat dazu beigetragen, dass die innerschulischen Beratungs- und Unterstützungssysteme ausgebaut wurden.

Die Mitarbeiter in den Erziehungsberatungsstellen

Diplompsychologen und Diplomsozialpädagogen stellen den Hauptteil der Mitarbeiter. Beide Berufsgruppen haben die Durchführung einfühlsamer Beratungsgespräche erlernt und Fachwissen erworben über die Zusammenhänge von Umwelteinflüssen und Anlagefaktoren einerseits sowie vom Verhalten der Individuen andererseits. Sie verfügen über solide Kenntnisse in den Bereichen Lern- und Verhaltenstheorien wie im Sektor Verhaltensbeeinflussung/Verhaltensmodifikation. Kommen spezielle medizinische, psychiatrische oder juristische Fragestellungen ins Spiel, werden die entsprechenden Fachkräfte hinzugezogen.

Der Gesetzgeber fordert für Erziehungsberatungsstellen, dass Experten verschiedener Fachrichtungen, die mit unterschiedlichen methodischen Ansätzen vertraut sind, zusammenwirken.

Aufgaben

Als beraterisch-therapeutischen Auftrag hat der Gesetzgeber im Kinder- und Jugendhilfegesetz (SGB VIII) die folgenden Punkte festgesetzt:

- Klärung und Bewältigung individueller und familienbezogener Probleme und der zugrunde liegenden Faktoren,
- Lösung von Erziehungsfragen,
- Trennung und Scheidung.

Weiterhin bieten die Stellen für die allein erziehenden Mütter und Väter, aber auch für den umgangsberechtigten Elternteil Unterstützung durch Beratung an. Spieltherapie und Gruppentherapie sowie die Diagnostik von Kindern und Jugendlichen bei ausgewählten Fragestellungen ergänzen dieses Angebot.

Und schließlich kommen präventive (prophylaktische) Tätigkeiten hinzu: Vorträge und Informationsveranstaltungen zu erziehungsrelevanten Themen, Moderieren von Gesprächskreisen, Initiieren von Selbsthilfegruppen, Beiträge in den Medien.

Die meisten Erziehungsberatungsstellen sind in einem Netzwerk mit anderen Beratungseinrichtungen verbunden. Es reicht von Ehe- und Familienberatungsstellen, Drogenberatungsstellen über Jugendämter und Sozialhilfestellen bis zu den Kindertagesstätten, Horten und unterschiedlichen Schulformen. Durch die Kooperation dieser Institutionen sollen die Beratungsleistungen möglichst viele Ratsuchende erreichen.

Zusammenarbeit mit dem Jugendamt

Grundlegende Aspekte der Kooperation

Die Anliegen der Jugendhilfe in vier Punkten:

- Förderung der Entwicklung Jugendlicher,

- Unterstützung von Erziehungsberechtigten,
- Schutz der Kinder und Jugendlichen vor Gefahren für ihr Wohl,
- Gestaltung positiver Lebensbedingungen für die jungen Menschen und ihre Familien.

Die Orientierung der Schule in drei Punkten:

- Bildung und Erziehung,
- Lernschwierigkeiten, Störungen Einzelner,
- soziale Aspekte des Zusammenlebens (der Zusammenarbeit) in Lerngruppen.

Da die Ursachen von Problemen vorrangig schulisch, familiär, individuell oder sozial bedingt sein können, kommt es entscheidend darauf an, beide Sichtweisen als gleichermaßen bedeutsam anzusehen und erst aus der Zusammenschau das weitere Vorgehen abzuleiten.

Übergreifendes Ziel dieser Kooperation ist die Förderung der individuellen Entwicklung der Kinder und Jugendlichen durch eine möglichst frühe Beratung plus Hilfestellung, um einer Benachteiligung oder Ausgrenzung entgegenzuwirken.

So ist etwa auffälliges Verhalten eines Schülers, das Miss-Stände signalisiert (häusliche Vernachlässigung, mangelhafte Gesundheitsvorsorge, körperliche Gewalt, sexueller Missbrauch, Konflikte), der Ansatzpunkt für rasches Reagieren und zügiges Bearbeiten (zügige Bereinigung) der Problematik.

Das Unterstützungssystem Kinder- und Jugendpsychiatrische Praxis

Hierbei handelt es sich um Hilfestellungen in ambulanter Form, wobei medizinische wie psychologische Aspekte (Methoden) eine Rolle spielen. Da vielfältige Ursachen für die Schwierigkeiten – Verhaltensauffälligkeiten, unter denen die Betroffenen leiden – in Betracht kommen, ist auch eine gründliche Diagnostik die Voraussetzung für eine wirksame Hilfe. Dabei wird zu klären sein, ob etwa körperliche oder neurologische Störungen vorliegen, ob psychische, familiäre oder soziale Belastungen die Schwierigkeiten bewirken. Danach entwerfen die Mitarbeiter der Praxis für das Kind oder die Familie einen therapeutischen Behandlungsplan.

Arbeitsschwerpunkte

diagnostische Aufgaben:

- neuropsychiatrische Diagnostik
- Diagnostik der Entwicklung und des Sozialverhaltens
- Interaktions- und Beziehungsdiagnostik
- Testdiagnostik

therapeutische Aufgaben:

- Erstellung von individuellen Therapieplänen
- Koordination und verantwortliche Begleitung des therapeutischen Prozesses
- Beratung der Bezugspersonen
- Psychotherapie
- heilpädagogische Maßnahmen
- Vermittlung therapeutischer Maßnahmen (z.B. Ergotherapie, Logopädie)
- Intervention bei psychosozialen Krisen.

Störungsbilder

Wer den Terminus „psychische Störung" benutzt, sollte sich vor Augen halten, dass die Grenze zwischen „Normal" und „Gestört" fließend verläuft. Damit aber solche Störungen definiert und beschrieben werden können, wurde von der Weltgesundheitsorganisation (WHO) eine internationale Klassifikation der Krankheiten (ICD 10) erarbeitet.

Die zehn Hauptgruppen psychischer Störungen des ICD 10	
F 0	Organische, einschließlich symptomatischer psychischer Störungen
F 1	Psychische Störungen und Verhaltensstörungen durch psychotrope Substanzen
F 2	Schizophrenie, schizotype und wahnhafte Störungen
F 3	Affektive Störungen
F 4	Neurotische Störungen, Belastungsstörungen und somatoforme Störungen
F 5	Verhaltensauffälligkeiten in Verbindung mit körperlichen Störungen/Faktoren
F 6	Persönlichkeits- und Verhaltensstörungen
F 7	Intelligenzminderung
F 8	Entwicklungsstörungen
F 9	Verhaltens- und emotionale Störungen mit Beginn in der Kindheit und Jugend

Adressaten

Eine Kinder- und Jugendpsychiatrische Praxis betreut in der Regel Familien, deren Kinder unter psychischen Problemen leiden, ausgelöst zum Beispiel durch akute Belastungen oder unbewältigte Erlebnisse. Lehrer sollten die Eltern auf die Notwendigkeit einer solchen Behandlung hinweisen, wenn etwa starke Aufmerksamkeitsprobleme, Teilleistungsschwächen, Leistungsversagen oder Verhaltensauffälligkeiten zu beobachten sind. Denkbar ist auch, dass sich die Unterstützung bis auf die Klärung von Sorgerechts- und Umgangsregelungen erstreckt; manche Praxen lehnen dies allerdings ab, ein stabiles Umfeld sei Vorbedingung einer erfolgreichen Intervention.

Kosten
Wie bei Ärzten allgemein üblich, werden die Kosten über die Kassenärztliche Vereinigung abgerechnet. Nötig ist eine Überweisung des Hausarztes oder die Vorlage der Krankenversicherungskarte. Einige spezielle Psychotherapien müssen von den Krankenkassen nach einem Gutachterverfahren genehmigt werden.

Zum Verfahren
Die Behandlung durch einen Kinder- und Jugendpsychiater beginnt mit der Vorstellung des Kindes oder Jugendlichen. In der Regel nehmen die Eltern, das Kind und eventuell auch die Geschwisterkinder daran teil. Im Gespräch wird zunächst die Vorgeschichte ermittelt:

- Schwangerschafts- und Geburtsumstände,
- Besonderheiten der Familiengeschichte,
- Entwicklung des Kindes,
- Erfahrungen aus dem Kindergarten und der Schule,
- Tagesgestaltung (Medienkonsum),
- andere Auffälligkeiten.

Diese Liste zeigt, dass es um eine ganzheitliche Erfassung der Persönlichkeit geht. Die Stärken wie die Schwächen sollen deutlich hervortreten. Die bestehenden Probleme werden im Zusammenhang mit der Lebens- und Entwicklungsgeschichte und der sozialen Umwelt des Kindes betrachtet, die körperlichen und seelischen Symptome abgeklärt und auf ihre innere Vernetzung hin analysiert.

Ist eine unmittelbare Reaktion angezeigt, folgt eine sofortige Krisenintervention; im anderen Fall schließt sich die Festlegung eines gestuften Diagnostikplans an: Um welches Problem, um welche Störung oder Krankheit handelt es sich genau? Die Diagnose ist dann der Ausgangspunkt bei der Wahl der Behandlungsmaßnahme.

Die beiden Felder der kinder- und jugendpsychiatrischen Diagnose:

- körperlich-neurologische Untersuchung (ergänzt meist durch elektro-physiologische, laborchemische und individuell gebotene fachärztliche Untersuchungen),
- psychologische Begutachtung (verschiedene standardisierte, halb standardisierte und nicht standardisierte Testverfahren; eingehende Verhaltensbeobachtung). Testergebnisse allein dürfen aber nicht den Ausschlag für die Beurteilung eines Schülers geben. Für schlechte Leistungen können z.B. auch geringe Motivation, emotionale Probleme und Konzentrationsschwierigkeiten verantwortlich sein.

Weitere Aspekte

Die Erhebung des psychischen Befundes kann auch spielerisch oder durch direktes Befragen erfolgen. Die Kenntnis der subjektiven Verfassung des Kindes ist Voraussetzung für eine effiziente Planung und für die Erfolgskontrolle der therapeutischen Maßnahmen.

Reicht im Einzelfall die umfassende Diagnostik nicht aus, um ohne zusätzliche spezifische Hilfe die weitere Entwicklung zu meistern, ist an therapeutische Einzelmaßnahmen oder an ein Maßnahmenbündel zu denken.

Je nach Bedarf werden im Einverständnis mit dem Kind und seinen Eltern an der Behandlungsplanung weitere Fachleute beteiligt: Erzieher, Lehrer, Jugendhelfer und sonstige Träger der psychosozialen Versorgung. Zwecks Koordination der Maßnahmen erfolgen in festgelegten Abständen Helferkonferenzen. Diese Treffen dienen auch dazu, in Form der Supervision alle Fragen zu erörtern, die sich möglicherweise aus der Übertragung der erörterten und behandelten Schwierigkeiten auf die Helfer selbst ergeben. Als Therapieform am weitesten verbreitet sind analytisch oder tiefenpsychologisch orientierte Verfahren (Psychotherapien, Verhaltenstherapien, Familientherapien). Möglich sind Einzel- oder Gruppensitzungen, Beratungsgespräche allein mit dem Kind (Jugendlichen) oder mit der gesamten Familie.

Außer einer Psychotherapie können auch eine Psychopharmakatherapie oder das Erlernen einer Entspannungstechnik angebracht sein.

5 Nachhaltiges Lehren, nachhaltiges Lernen: Ein Weg aus der Routinefalle

„Es war die ‚Kluft zwischen Wissen und Handeln', die mich schon immer in meinem Beruf als Lehrerausbildner beschäftigt hat und die mich zuweilen auch schon verzweifeln ließ. Besonders pikant ist dabei die in meinen eigenen Lehrveranstaltungen häufig gemachte Erfahrung, dass einerseits die Teilnehmerinnen und Teilnehmer subjektiv hoch zufrieden aus dem Seminar oder aus dem Kurs herausgehen und dies auch in der Prozessevaluation zum Ausdruck bringen, dass andererseits jedoch die Transferwirkungen auf das alltägliche Lehrerhandeln demgegenüber äußerst bescheiden sind."[18]

Worum es in diesem Kapitel geht:
Jeder Schultag bringt eine Fülle von Situationen hervor, in denen die Lehrerin oder der Lehrer sehr rasch und möglichst angemessen-nachhaltig reagieren muss. Manche Konstellation ist bekannt (kostet deshalb aber nicht weniger psychische Kraft), mancher Vorgang ist neuartig und mit der bisher praktizierten Reaktion nicht zu meistern.

Der hiermit beschriebene Sachverhalt gehört zu den härtesten Herausforderungen im Lehrerberuf. Im Folgenden geben wir Hinweise, wie Nachhaltigkeit beim Lehren und Lernen erreicht werden kann.

18 Wahl, D. (2001): Nachhaltige Wege vom Wissen zum Handeln. In: Beiträge zur Lehrerbildung, 19/2, 2001, S. 157

In der pädagogischen Literatur findet sich eine Angabe, die geradezu unglaublich wirkt, von Praktikern aber nur wenig angezweifelt wird: Bereits nach vierzehn Tagen sind bis zu vier Fünftel des Unterrichtsstoffes aus den Köpfen der Schülerinnen und Schüler wieder verschwunden. Ein ähnlich beunruhigendes Phänomen aufseiten der Lehrkräfte: Kognitiv bereichert und emotional wohlgestimmt verlassen sie die Fort- und Weiterbildungskurse, kehren in den beruflichen Alltag zurück – und handeln wie gehabt.

Was fachwissenschaftliche Publikationen schon seit längerem aufzeigen, wird durch Veröffentlichungen der jüngeren Zeit immer wieder neu bestätigt: Die Vertreter der pädagogischen Profession kennzeichnet eine massive Änderungsresistenz. Sobald die Erfahrungen der frühen Unterrichtsjahre ihren Niederschlag in einer Routine gefunden haben, mit deren Hilfe wiederkehrende, dem Zeitdruck unterworfene Situationen gemeistert werden können – ein unverzichtbarer Rückhalt im strapaziösen Berufsalltag –, sobald „Antworten" auf die rasch wechselnden „Anfragen" der Schüler und Kollegen abrufbereit vorliegen, setzt die Neigung zur Zementierung dieser Verhaltens- und Sichtweisen ein. Mit zunehmender Nähe zum Klassenraum, zu den Schülern treten dann die außerhalb des Unterrichts kennengelernten neuen didaktisch-methodischen Ansätze und die engagiert erworbenen frischen Einsichten in den Hintergrund (zurückhaltend formuliert). „Übrig bleibt ein rudimentäres Planungshandeln, das an Schlichtheit nicht mehr zu überbieten ist. Um so planen zu können, hätte man keine Lehrerausbildung von durchschnittlich fünf Jahren durchlaufen müssen; das wäre auch in fünf Stunden erlernbar gewesen!" – schreibt Diethelm Wahl (2001) in einem Aufsatz zu dem hier angesprochenen Problem.

Die folgenden Ausführungen orientieren sich an dieser tiefgründigen, auf eine bessere Praxis hin angelegten Arbeit. Im Umgang mit den alltäglichen Anforderungen bilden sich in der Praxis Prozesse und Strukturen heraus, auf die – als bewährte Lösungen für wiederkehrende und zum Teil schwierige Situationen – stets erneut zurückgegriffen wird. Diese so wichtige Entlastung vom Druck, unentwegt Entscheidungsprozesse vom Punkt null aus durchzustehen, hat allerdings eine Kehrseite: Die einst entstandenen und fortwährend angewandten Handlungsmuster erweisen sich als derart stabil, dass spätere Aus-, Fort- und Weiterbildungsmaßnahmen weitgehend folgenlos verpuffen. Weil die angesprochenen Strukturen den Akteuren selbst in hohem Maße verborgen sind (routiniertes Reagieren), ergeben sich massive Schwierigkeiten, sobald Änderungen erwünscht sind oder dringlich geboten erscheinen.

Will man sich aus dieser Misere herausarbeiten, sollen also die Angebote für eine bessere pädagogische Praxis die alten, sehr schlichten Handlungsmuster löschen und zu einem nachhaltigen Lernen führen, ist nach Diethelm Wahl ein planmäßiges, sinnvoll strukturiertes Vorgehen unerlässlich.

Zunächst geht es um die jeweils subjektiv gültigen, handlungsleitenden Strukturen und Prozesse, die während der Ausbildungsphase kaum reflektiert wurden, später aber im hektischen Alltag trotz ihrer Simplizität die Oberhand gewinnen. Sie müssen einem Prozess unterworfen werden, der sie bearbeitbar macht. Die dazu nötigen Schritte heißen Bewusstmachen (der eigenen, häufig nicht auf der Höhe der Zeit befindlichen Praxis), Problematisieren (der heiklen Stellen in den verfestigten Denk- und Handlungsstrukturen), Konfrontieren (mit neuen Ergebnissen, Erwägungen, methodisch-didaktischen Vorschlägen). Das Ganze angesiedelt in einem verzweigten Prozess der Selbstreflexion. Einige Details zum „Gewusst wie".

Die in der Lehrerausbildung tätige Lehrkraft erzählt anschaulich von eigenen Erlebnissen als Schülerin oder Schüler. In Einzelarbeit sammeln die Teilnehmer eigene Erlebnisse aus ihrer Schul- oder Hochschulzeit oder aus Fortbildungsveranstaltungen. In Partnerarbeit berichtet jeder einem anderen die erinnerten Erlebnisse. Nun wird zum Perspektivenwechsel aufgefordert: „Rekonstruieren Sie die letzten Unterrichtsstunden, die Sie selbst gehalten haben: Wie viel Zeit nahm Frontalunterricht ein, wie viel Zeit hatten die Lernenden, individuelle Lernwege zu gehen?" Die Ergebnisse werden in Partner- oder Kleingruppenarbeit verglichen. Die Aufgabe dabei lautet, sich in die Rolle jener Schülerinnen und Schüler zu versetzen, die den rekonstruierten Unterrichtsstunden ausgesetzt waren.

Einer Anregung von Karlheinz Geissler (1985) folgend, kann das Bild des „pädagogischen Doppeldeckers" eingeführt und nutzbar gemacht werden: Jede Lehrperson steckt während der Ausbildungs- und Weiterbildungsphasen in einer Doppelrolle: Sie ist lernende und lehrende Person zugleich. Daraus ergeben sich – selten genutzte – Bewusstwerdungschancen. Nämlich dann, wenn in eingeschobenen metakommunikativen Abschnitten die Teilnehmer ihre persönlichen Eindrücke vergleichen und die gewohnten Formen mit neuen Formen vergleichen. Haben sie zum Beispiel einmal am eigenen Leib erfahren, wie sinnvoll es sein kann, zunächst das gesamte Thema im Überblick präsentiert zu bekommen, werden sie die bisher praktizierte „Osterhasenpädagogik" mit anderen Augen sehen. (Welcher konkrete Sinn versteckt sich wohl hinter meinen rätselhaften Worten? Sucht doch mal herum!) Entscheidend für die Nutzung des „Doppeldeckers" ist es, in regelmäßigen Abständen den Lehr- und Interaktionsprozess zu unterbrechen, um die „hier und jetzt" gemachten Erfahrungen zu reflektieren.

Alltägliches unterrichtliches Handeln verläuft rasch und weitgehend implizit; Veränderungen haben so kaum eine Chance. Erhöht man jedoch die Bewusstheit, zum Beispiel durch Aufgaben zur Selbstbeobachtung, verlangsamt sich der Handlungsprozess, und die situativen wie individuellen Komponenten treten deutlicher hervor. Der Lehrer kann zum Beispiel beim Einzelgespräch mit einem Schüler überprüfen, wie viel Sprechzeit er selbst beansprucht und wie viel Sprechzeit dem Schüler bleibt. Er kann seine Fragen zählen oder die Sekunden, die er nach einer Frage zum Nachdenken gibt. Er hat die Möglichkeit, eigene Eingriffe nach ihrem – responsiven oder invasiven – Charakter zu klassifizieren: Hat die Gruppe ihn gefragt oder hat er unaufgefordert interveniert?

Während dieser Praxisphasen sollte der Lehrende die eigenen handlungssteuernden Gedanken und Gefühle identifizieren (einen „inneren Dialog" mit sich selbst führen). Mit der so erreichten Verlangsamung – bis Unterbrechung – des eigenen Handelns sind wichtige Voraussetzungen für die Veränderung der Praxis geschaffen. Um das eigene spontane Handeln per Simulation zu erleben, empfiehlt Wahl die Methode „Szene-Stop-Reaktion": Eine Situation wird zum Beispiel als kurzer Videoausschnitt angeboten, die Reaktion darauf muss sehr rasch erfolgen (nur so ist die Nähe zum schulischen Tableau gewährleistet).

Starken Aufforderungscharakter hat auch das Anspielen einer Szene im Rollenspiel. Sobald die Szene stoppt, muss die betreffende Person handeln. Methodischer Tipp: In einem Partnerrollenspiel wiederholt die erste Person die entscheidenden Worte oder entscheidenden Aktionen der Episode, worauf die zweite Person unmittelbar (!) zu reagieren hat.

So weit die Beispiele, Hinweise und Tipps, wie man auf dem Weg zum nachhaltigen Lehren und Lernen vorankommt.

Aber: Nach allem, was man aus der psychologisch-pädagogischen Forschung weiß, beginnt jede Handlung mit einem Entschluss.

Also müssen wir uns abschließend noch einmal mit der Frage beschäftigen, wie Handeln überhaupt in Gang gesetzt werden kann – und wie frühzeitiges Resignieren zu vermeiden ist.

Die folgenden knappen Hinweise helfen weiter.

Ein „günstiger Zeitpunkt": ist erreicht, wenn die Teilnehmer in workshopartigen Phasen künftiges Handeln detailliert geplant oder wenn sie es in Simulationen systematisch vorgeübt haben.

„Vorsatzbildungen" (zugleich Erinnerungshilfe): Jede Person füllt einen entsprechenden Vordruck aus – zum Beispiel mit der Überschrift „Meine nächsten Schritte" – und formuliert darin den Entschluss (als Ausdruck des spezifischen, eigenen Lernweges), eine bestimmte Handlung zu einem bestimmten Zeitpunkt in einer bestimmten Lerngruppe auszuführen.

„Blindes Probieren": lässt sich dadurch vermeiden, dass parallel zur Erprobung präzise Selbstbeobachtungen gemacht oder Rückmeldungen eingeholt werden: vom Tandempartner, vom Supervisor oder von den Schülern. Die Überschrift lautet: Die Effekte der gewählten Handlungsalternativen.

„Flankierende Maßnahmen“: Allein auf sich gestellt ist jeder Reformator der pädagogischen Szenerie eher schlecht ausgerüstet für den Marsch durch schwieriges Gelände. Praxis-Kleingruppen und Praxis-Tandems bieten konkrete Hilfen und sozial-emotionale Unterstützung. Motto: „Mit social support vom Wissen zum Handeln“. Eine solche „Lernwegflankierung“ hilft zu vermeiden, dass die Veränderungsprozesse – wie häufig zu beobachten – stagnieren oder abgebrochen werden. WAHL empfiehlt, nicht nur auf ein Pferd zu setzen: Erst das Zusammenspiel beider Unterstützungssysteme, der Kleingruppe wie des Praxistandems, bringt die so dringlich benötigten Synergie-Effekte. Immer wieder gibt es nämlich Probleme in den Gruppen. Dann kann das Tandem den Lernprozess weiter stützen. Gibt es Probleme im Tandem, kann die Gruppe hilfreich einspringen. Dieses zweifache soziale Netz trägt mit höherer Wahrscheinlichkeit dazu bei, dass der Umlernprozess gelingt.

Aus dem Gesagten ergibt sich für alle Personen, die an der Aus- und Weiterbildung von Lehrkräften beteiligt sind, eine unerlässliche Anforderung: Sie müssen beides zugleich sein, fachlich gewiefte Experten und Arrangeure wirkungsvoller Lernumgebungen.

Bei aller Überzeugungskraft, die in diesen wirklichkeitsnahen Ausführungen steckt: Was tun, wenn auch dieser Ansatz wiederum scheitert – weil die persönliche „Entzündbarkeit“ zu wünschen übrig lässt – und wenn die angestrebte Veränderung nicht allein vom (freien) Willen der Lehrkraft abhängen darf? Dann ist ein heilsamer Zwang, ein energischer Impuls von außen vonnöten, zum Beispiel nach britischem Muster. Dort beträgt die Unterrichtsverpflichtung 195 Tage pro Jahr. Fünf davon werden – vom üblichen Unterricht befreit – gegen Ende des Schuljahres für eine Blockveranstaltung in der eigenen Schule verwendet, und zwar zu einem frei gewählten pädagogischen Thema. So profitiert das inhaltliche Vorhaben von der vorgegebenen Struktur, von der verbindlichen Terminierung und der Teilnahmepflicht.

6 Soziales Lernen im Schulprogramm verankern!

„Warum das Rad immer wieder neu erfinden? Unser Motto war, das Rad nicht jedes Mal neu zu erfinden, sondern Projekte anhand einer mehrmals erprobten und bewährten Methodik zu realisieren.“[19]

Worum es in diesem Kapitel geht: Kollegien wie einzelne Lehrkräfte können über den eigenen Tellerrand schauen und von den Ideen wie Vorarbeiten anderer Schulen profitieren. Das spart Kraft und Zeit – und dies kommt dem Bemühen um die Weiterentwicklung der Schule zugute.

Am Schluss wollen wir die vorn zitierten Überlegungen und Fragen von PETER PAHMEYER noch einmal aufgreifen und anschließend darstellen, wie die Antwort seiner Schule ausgefallen ist.

„Aus der Erinnerung an lange existierende ministerielle Richtlinien und Erlasse hat sich in den letzten Jahren die Erkenntnis immer stärker durchgesetzt, Schule müsse, ihrem erklärten Auftrag gemäß, gleichermaßen Bildung und Erziehung gewährleisten. Erziehungsvereinbarungen und -verträge, Programme zur verantwortlichen Mediennutzung, Gesundheitserziehung und Lebensplanung, Initiativen für Zivilcourage, Streitschlichter- und Buddy-Projekte, suchtpräventive Maßnahmen, Selbstbehauptungskurse für Mädchen sowie die überfällige Entdeckung von spezifischen Jungen-Bedürfnissen sind ausgewählte Nachweise für ein Engagement mit der Zielsetzung, dass Schulen selbst vielerorts die Rahmenbedingungen für ein sozial ausgewogenes, glückliches, gesundes und neugieriges Lernen von Mädchen und Jungen in einer nicht beschämenden Atmosphäre verbessern wollen.“

Wie lässt sich erreichen, dass die Qualität von Bildungs- und Erziehungsarbeit in unseren Schulen über punktuelle Aktivitäten hinaus nachhaltig verbessert werden kann? Hier die Antwort, die PAHMEYERS Schule gegeben hat.

19 RESOOM Magazine, 01.10.2008, abgerufen unter;http://www.resoom-magazine.de (Stichwort: „Rad neu erfinden“)

Interessierte Vorreiter finden sich zusammen

Am 13. Oktober 2004 kam der Stein ins Rollen. Unter dem Motto „Mehr Wirkung durch Mitwirkung – Schulen auf dem Weg zu einer demokratischen Lernkultur" trafen sich 450 Schülerinnen und Schüler und 80 Verbindungslehrer und -lehrerinnen aus den Kreisen und Städten in Ostwestfalen-Lippe. In zahlreichen Workshops, die von Schülern und Verbindungslehrern vorbereitet worden waren, fand ein intensiver Austausch u.a. zu folgenden Themen statt: Neue Formen der Mitwirkung am Beispiel des Klassenrates, Feedback-Kultur, Initiativen, die sich der Zielsetzung „Schüler helfen Schülern" verpflichtet sehen und eine Ausbildung von Streitschlichtern oder Schulsanitätern anstreben. Die Schüler und Schülerinnen waren an praktischen Tipps interessiert, etwa daran, wie sich Patensysteme, Service-Learning-Angebote, Hausaufgaben- oder Nachhilfekurse auf den Weg bringen lassen.

Von der Tagung in die Schule

Am Gymnasium Horn-Bad Meinberg organisierten der Verbindungslehrer und die damalige Schülersprecherin, Impulse des Detmolder Treffens aufgreifend, ein Fortbildungs- und Freizeitwochenende für die Schülervertretung (SV). Die Schulpflegschaftsvorsitzende unterstützte das Anliegen. Während eines Pädagogischen Tages an dieser Schule trafen sich 50 Lehrerinnen und Lehrer sowie jeweils 25 Eltern- und Schülervertreter, die sich das Ziel gesetzt hatten, den Baustein „Soziales Lernen" im Schulprogramm zu verankern. Eine Steuergruppe, angeleitet von den Moderatoren für Schulprogrammarbeit und interne Evaluation, organisierte in sechs Arbeitsgruppen – analog zu den sechs Jahrgangsstufen – den gemeinsamen Arbeitsprozess. Mithilfe methodisch vielseitiger Verfahren wurden die auf Jahrgangsstufen bezogenen Teams gemischt. Diese einigten sich nach einer Präsentationsphase auf verbindliche Maßnahmen, Vorhaben und Verantwortlichkeiten für die Doppeljahrgänge 5/6, 7/8 und 9/10. Der Handlungskatalog wird den schulischen Mitwirkungsgremien zur Entscheidung vorgelegt. Im Rahmen von schulformübergreifenden lokalen Netzwerken für eine „Gute und gesunde Schule" bietet sich zukünftig für die Schulen aus Teilregionen des Regierungsbezirkes die Möglichkeit, Vorhaben zur Verbesserung der Lernatmosphäre untereinander abzustimmen. Über den Tellerrand der Einzelschule hinausschauen und nicht im eigenen Saft schmoren zu wollen – in dieser (Lern-)Bereitschaft liegt eine elementare Voraussetzung für die Weiterentwicklung der Schulen.

Die Etablierung über eine Lehrerkonferenz: schulintern und konkret

Im Rahmen einer Lehrerkonferenz hat das Gymnasium Horn-Bad Meinberg im Mai 2006 den Klassenrat schulintern eingeführt und im Schulprogramm verankert. Hier Auszüge aus dem Protokoll. In einem Kurzvortrag erläutert

Peter Pahmeyer den Begründungszusammenhang, der die Bedeutung des Themas „Klassenrat“ und seine Einführung am Gymnasium Horn-Bad Meinberg nachvollziehbar macht. Dabei sind folgende Aspekte wesentlich:

- Am Pädagogischen Tag zum Thema „Soziales Lernen“ wurde der Klassenrat als Instrument der klasseninternen Kommunikation und der selbstständigen Konfliktlösung anstehender Probleme benannt. Dieses geschah auch beim Seminar der Klassensprecher.
- Im vorausgehenden Schülerforum und im Elternforum 2005 bei der Bezirksregierung wurde die Einführung des Klassenrates als Organ schulischer Mitsprachemöglichkeit begrüßt und positiv bewertet.
- Im Rahmen der ab Sommer 2006 stattfindenden Qualitätsuntersuchungen der Schulen auch in unserer Region nimmt der Klassenrat eine wichtige Stellung bei der Ausprägung von Sozial- und Kommunikationskompetenzen sowie beim Aufbau einer positiven Schulkultur ein.
- Der Klassenrat bietet ein Forum zum gezielten Erlernen und Einüben demokratischen Verhaltens.
- Zahlreiche Grundschulen praktizieren das Modell „Klassenrat“ bereits, Schülerinnen und Schüler bringen also bereits Erfahrungen in diesem Bereich mit in die Sekundarstufe und sollten ihre Fähigkeiten und Kompetenzen weiter ausbauen können.
- Im Netzwerk der Schulen Horn-Bad Meinbergs für eine „Gute und gesunde Schule“ kann das Gymnasium mit dem Baustein „Klassenrat“ einen wesentlichen Impuls zur Entwicklung von Schulkultur setzen.

Die Mitglieder der Steuergruppe geben einen Überblick über die Struktur und die Arbeitsweise des Klassenrates als Gremium. Der Begriff „Klassenrat“ stammt aus der Freinet-Pädagogik. Der Klassenrat kann

- Konflikte innerhalb der Klasse klären,
- Konflikte von Schülern mit Lehrern klären,
- über Erkundungen beraten,
- über Unterrichtsmethoden beraten,
- über Lerninhalte beraten.

Dadurch werden u.a. das Gemeinschaftsgefühl gestärkt, demokratische Einstellungen und kommunikative Kompetenzen gefördert sowie das selbstständige Lernen unterstützt. Im Klassenrat werden z.B.

- selbstgewählte Lernvorhaben vorgestellt,
- Kooperationen beschlossen,
- Rechercheaufträge und Fragen der Klasse an eine Arbeitsgruppe formuliert,
- Lernergebnisse präsentiert,
- Lernergebnisse besprochen,
- Vorhaben zum Stichwort „Das soziale Leben“ geplant,

- die Ausgaben der Klassenkasse beschlossen (Ermöglichung von Lernvorhaben und Erkundungen, Kauf von Gemeinschaftseigentum oder/und Verbrauchsmaterialien, ...),
- auftretende Probleme mit anderen Klassen besprochen und ggf. Maßnahmen zur Lösung der Probleme eingeleitet,
- Selbstverwaltungsangelegenheiten der Klasse besprochen und Beschlüsse dazu gefasst.

Leitung des Klassenrates
Die Leitung wechselt (Wahl durch die Schüler oder auch ein anderes Verfahren, auf das sich die Schüler einigen). Schüler regeln auch die Reihenfolge der Beiträge, die Einhaltung von Zeitabsprachen und die Visualisierung der Diskussionsbeiträge selbst.

Regeln
Als Regeln eignen sich alle Bestimmungen, die von den Schülern selbst aufgestellt werden. Fremde Regeln können hilfreich sein, unterlaufen aber die Selbstverantwortung der Schüler für das aktuelle Geschehen. Man muss sich darüber im Klaren sein, dass die Vorstellungen von einem „geordneten Klassenrat" aus der Sicht der Kinder und aus der Sicht von Erwachsenen durchaus recht unterschiedlich sein können. Kinder brauchen als Lernende Zeit und auch die Freiheit, eigene Erfahrungen zu machen. Die Regeln sollen in der Klasse erarbeitet und beschlossen werden.

Tagesordnung
Die Tagesordnung für eine Sitzung des Klassenrates wird von Schülern selbst vorbereitet. Hilfreich ist dabei die Wandzeitung, auf der in verschiedenen Kategorien die Woche über gesammelt wird, z.B. *Als neues Projekt schlage ich vor – Ich beantrage – Das soll im Klassenzimmer verändert werden – Das ist mir wichtig – Das soll anders werden.* Jeder Schüler der Klasse kann eintragen, was ihm wichtig ist. Durch die öffentliche Wandzeitung ergibt sich auch ein Gefühl für die Zeit, die für die Klassenratsitzung benötigt wird, bzw. bei festen Zeiten über das Zeitvolumen, das für jeden Punkt zur Verfügung steht. Die Themen ergeben sich aus den Interessen der Klassenmitglieder.

Sitzungen
Die Sitzungen des Klassenrates werden durch ein Vorbereitungsteam geplant und durchgeführt. Dabei sollen die Aufgaben unter allen Schülern rotieren, die Verantwortung soll stufenweise eingeführt und auf die Schüler übertragen werden. In der Klassenratssitzung übernehmen mehrere Schüler unterschiedliche Aufgaben.

Die Lehrerrolle im Klassenrat

Der Lehrer ist ein wichtiges Element im Klassenrat – er ist Mitglied der Klasse, er stellt Abweichungen vom demokratischen Verfahren oder andere Prozesse im Klassenrat zur Diskussion (z. B. Vielredner).

Er muss sich jedoch deutlich zurücknehmen und den Kindern Zeit auch für demokratische und soziale Prozesse geben – um nicht zum heimlichen Leiter des Klassenrats im Hintergrund zu werden. Nur wenn der Lehrer es wirklich will, entwickelt sich auch ein verantwortungsvoller Klassenrat.

Nach einem Meinungsaustausch in Kleingruppen zur Frage der Leitung des Klassenrates werden vom Kollegium folgende Aspekte als bedenkenswert herausgestellt:

- Der Beginn der Einführung sollte in Klasse 5 stattfinden, um Fähigkeiten systematisch und schrittweise einüben zu können.
- Die Zeitproblematik lässt sich bei Klassenleiterteams leichter lösen. Die Verteilung der Lasten sollte auf möglichst viele Schultern gleichmäßig erfolgen.
- Lehrer sollten bei nicht durchführbaren Vorschlägen (z. B. Kollision mit dem Schulrecht) ein Vetorecht haben.
- Eine Entscheidung sollte erst nach einer Pilotphase mit genau geplanten Settings und nachfolgender Auswertung erfolgen.
- Die Forderung nach Regelmäßigkeit der Tagung des Klassenrates kann eine Chance, aber auch eine zusätzliche Belastung bedeuten. Die Problematik der Themenfindung/Sinnhaftigkeit wird gesehen, die Bedeutung des Austausches über Klassenangelegenheiten für die Entwicklung einer Gesprächskultur aber auch als positiv eingeschätzt.
- Das Amt des Klassensprechers wird durch die Einrichtung eines Klassenrates nicht überflüssig, beide Institutionen ergänzen sich gegenseitig. Der Klassenrat bietet Möglichkeiten der Einübung basisdemokratischen Verhaltens.

Pahmeyer fasst die Ergebnisse der Diskussion in folgendem Antrag zusammen:
„Für eine zunächst zweijährige Pilotphase wird die Einführung und Erprobung des Gremiums ‚Klassenrat' in der Jahrgangsstufe 5 mit einer begleitenden Evaluation am Gymnasium Horn-Bad Meinberg beschlossen. Die Vorbereitung übernehmen die Klassenleiterteams der zukünftigen 5. Klassen zusammen mit dem Unterstufenkoordinator in Abstimmung mit der Steuergruppe."
Bei 4 Enthaltungen wird der Antrag ohne Gegenstimme angenommen.

Literatur

BOER, H. DE (2008): Soziale Kompetenz, Gleichaltrigenbeziehungen und Verantwortung. In: GRUNDSCHULE AKTUELL, Heft Nr. 101, Februar 2008, S. 3–8.

BOLDT, U. (2007): Gender und Schule. Zur Arbeit mit den Jungen in der Schule. http://www.rpi-loccum.de/boldt.html (Stand: August 2007).

BUNDESMINISTERIUM FÜR UNTERRICHT UND KULTURELLE ANGELEGENHEITEN (BMUK) (o. J.): Lebensraum Klasse und Schule – Schul- und Unterrichtsklima analysieren. http://www.qis.at/pdf/om/omk2_3.pdf.

BURKARD, C./EIKENBUSCH, G./EKHOLM, M. (2003): Starke Schüler – gute Schulen. Berlin: Cornelsen Scriptor.

DIETERICH, R. (1982): Verständigung – psychologisch verstanden. In: SCHEIDT, F. (Hrsg.): Lernziel Verständigung – Dialogprinzip und Dialogverhalten. München und Basel: Reinhardt, S. 34.

DINKMEYER, D./DREIKURS, R. (1980): Ermutigung als Lernhilfe. Stuttgart: Klett.

DREIKURS, R./SOLTZ, V. (1981): Kindern fordern uns heraus. Stuttgart: Klett-Cotta.

DREIKURS, R./CASSEL, P./RÜCKRIEM, N. (HRSG.) (^{6}1995): Disziplin ohne Tränen. München: Ehrenwirth.

ENDRES, W. (1990): Beim Lernen helfen. In: Pädagogik 9/90, S. 21–29.

FISCHER, K. (o. J.): Grenzen setzen in der Erziehung. – Abgerufen unter: www.familienhandbuch.de/cms/Erziehungsfragen_Grenzen.pdf.

FRIEDRICH KOENIG GYMNASIUM WÜRZBURG (o. J.): Wunschbild des Friedrich Koenig Gymnasiums. http://www.fkg-wuerzburg.de (Button „Verschiedenes", Punkt „Wunschbild des Friedrich-König-Gymnasiums.pdf", S. 7)

FRIEDRICHS, B. (2000): Gemeinschaft fördern durch Rituale. In: KOWALCZYK, W. (Hrsg.): Schwierige Schüler in den Klassen 5–10. Berlin: Raabe (Loseblattsammlung mit CD, Kap. 4/2.10).

GORDON, T. (1992): Familienkonferenz. Hamburg: Hoffmann und Campe.

GRELL, J./GRELL, M. (1979): Unterrichtsrezepte. – München: Urban & Schwarzenberg.

GRUBER, H./KISSER, C. (o. J.): Vereinbaren statt anordnen. Leitfaden zur Erstellung von Vereinbarungen zwischen den Schulpartnern (Erhältlich über: Amedia Servicebüro, Sturzgasse 1a, 1141 Wien, Tel.: 01/982 13 22, E-Mail: amedia@cso.co.at).

GUGGENBÜHL, A. (2006): Kleine Machos in der Krise. Wie Eltern und Lehrer Jungen besser verstehen. Freiburg: Herder.

GUGGENBÜHL, A. (2001): Böse Buben – Individuelle Lernziele, Beurteilungsgespräche, Teamarbeit: Die heutige Schule kommt den Bedürfnissen der Mädchen entgegen. Die Buben haben das Nachsehen – und machen Probleme. In: Neue Zürcher Zeitung NZZ Folio. August 2001.

HAGSTEDT, H. (2002): Die „Versammlung" in der Freinet-Pädagogik, S.102. In: BECKER, G./HEISTERBERG, W./TYMISTER, H. J./WERNING, R.: Disziplin. Sinn schaffen – Rahmen geben – Konflikte bearbeiten. Friedrich Verlag, Jahresheft 2002.

HEINRICH, P. (1994): Sprache als Instrument des Verwaltungshandelns. Berlin: Hitit.

KERNTKE, W. (o. J.): Perspektivenwechsel als Erkenntnisquelle. http://www.institut-inmedio.de/papers/pdf_010207/k_perspektivwechsel.pdf.

KIPER, H. (1997): Selbst- und Mitbestimmung in der Schule. Das Beispiel Klassenrat. Hohengehren: Schneider Verlag.

KORCZAK, J. (1999): Sämtliche Werke. Bd. 4. Wie liebt man ein Kind u. a., bearbeitet und kommentiert von BEINER, F./UNGERMANN, S. Gütersloh: Gütersloher Verlagshaus.

KOWALCZYK, W./OTTICH, K. (2000): Wie war's? Gedanken zu einer Feedback-Kultur im Klassenzimmer. In: KOWALCZYK, W. (Hrsg.): Konkrete Handlungsanleitungen für erfolgreiche Beratungsarbeit mit Schülern, Eltern und Lehrern. Kapitel 12/2.2. Kissing: WEKA.

KOWALCZYK, W. (2000): Kollegiale Fallbesprechung. In: KOWALCZYK, W. (Hrsg.): Konkrete Handlungsanleitungen für erfolgreiche Beratungsarbeit mit Schülern, Eltern und Lehrern. Wie Sie im Schulbereich beraten, fördern und Probleme lösen. Kissing: WEKA (Loseblattsammlung, 10. AL, Kap. 11/4.4).

KOWALCZYK, W./OTTICH, K. (2000): Das Schultagebuch. In: KOWALCZYK, W. (Hrsg.): Schwierige Schüler in den Klassen 5–10. Berlin: Raabe (Loseblattsammlung mit CD, Kap. 1/2.4).

KOWALCZYK, W./OTTICH, K. (2000): Erzübel Unterrichtsstörungen: Lösungen entwickeln im „Trainingsraum". In: KOWALCZYK, W. (Hrsg.): Schwierige Schüler in den Klassen 5–10. Berlin: Raabe (Loseblattsammlung mit CD, Kap. 4/5.4).

KRETSCHMANN, R. (o. J.): Systemische und systematische Planung von Präventions- und Förderangeboten für Lernende mit besonderen pädagogischen Bedarfen. www.kretschmann-online.de/infra2/foerk3a.html.

KRUMM, V. (o. J.): „Erziehungsverträge mit Eltern" oder „Verhaltensverträge mit Schülern"? http://www.learn-line.nrw.de/angebote/schulberatung/main/downloads/krumm_erz_vertrag.pdf.

LOHMANN, G. (2003): Mit Schülern klarkommen. Berlin: Cornelsen Scriptor.

MASLOW, ABRAHAM H. (1943): A theory of human motivation. Psychological Review, 50, p. 370–396.
MEIDINGER, H. (2000): Gesprächsführung im Trainingsraum: Kinder übernehmen Verantwortung für das eigene Handeln. In: KOWALCZYK, W. (Hrsg.): Schwierige Schüler in den Klassen 5–10. Berlin: Raabe (Loseblattsammlung mit CD, Kap. 4/5.5).
MINISTERIUM FÜR SCHULE, WISSENSCHAFT UND FORSCHUNG DES LANDES NORDRHEIN-WESTFALEN (o. J.): Bildung und Erziehung stärken. http://www.callnrw.de/php/lettershop/download/178/bildung_erziehung%20st%E4rken.pdf.
PAHMEYER, P. (2006): Schule auf dem Prüfstand. In: Mehr als Schule 6 – Schriftenreihe des Ministeriums für Schule und Weiterbildung (MSW) und der Landesschülervertretung Nordrhein-Westfalen, 6/2006, S. 12–15.
PETERSEN, S. (2001): Rituale für kooperatives Lernen in der Sekundarstufe I. Berlin: Cornelsen Scriptor.
RADTKE, G. (2008): Der Klassenrat als Instrument im Ensemble der Bemühungen um den Schulabschluss in der Hauptschule. Unveröffentlichte Arbeit im Rahmen der Klassenlehrerweiterbildung KIK.
ROTH, G. (2000): Warum ist Einsicht schwer zu vermitteln und schwer zu befolgen? Neue Erkenntnisse aus der Hirnforschung und den Kognitionswissenschaften. In: PÄDForum Oktober 2000, S. 410–415.
SADER, M. (72000): Psychologie der Gruppe. Weinheim und München: Juventa.
SCHELLER-KRABUSCH, F. (o. J.): Ausgangspunkte für eine Diskussion um Bildungs- und Erziehungsverträge: Schlüsselsituationen und weitere Handlungsfelder im schulbezogenen Tagesablauf von Kindern und Jugendlichen. www.landeselternrat.de/lerinfo/aktuell/1-03/ausgangspunkte.doc.
SCHMITT, H. (2003): Vom Lehrer-Wissen zum Lehrer-Können. In: System Schule, 1/2003, S. 14–20.
SCHNEEWIND, K. A. (o. J.): „Freiheit in Grenzen“ – Begründung eines integrativen Medienkonzepts zur Stärkung elterlicher Erziehungskompetenzen. www.freiheit-in-grenzen.org.
SCHNEEWIND, K. A. (2003): Freiheit in Grenzen (CD-ROM). – Universität München, Department Psychologie, Lehrstuhl Persönlichkeitspsychologie, Psychologische Diagnostik und Familienpsychologie, Leopoldstr. 13, 80802 München.
SCHOPP, J. (2003): „Eltern stärken – ein dialogisches Lernseminar“. In: System Schule, 2/2003, S. 48–51.
STANFORD, G. (31993): Gruppenentwicklung im Klassenraum und anderswo. Aachen-Hahn: Hahner Verlagsgesellschaft.
STRITTMATTER, A. (2003): Regeln für den Umgang mit Regeln. In: journal für schulentwicklung, 7, Heft 2/2003, S. 47–50.

TAUSCH, R. (1998): Achtung und Einfühlung – Kompaß für didaktische und erzieherische Handlungen von Lehrern und Erziehern. In: Gesprächspsychotherapie und personzentrierte Beratung, 4/1998, S. 241–248.
THOMANN, C./SCHULZ VON THUN, F. (1988): Klärungshilfe. Reinbek: Rowohlt.
TSCHÖPE-SCHEFFLER, S. (2003): Fünf Säulen einer guten Erziehung. In: psychologie heute, 6/2003, S. 44–47.
TSCHÖPE-SCHEFFLER, S. (2005): Orientierung im Dschungel der Elternbildungsangebote. In: Aktion Jugendschutz, III/2005.
TSCHÖPE-SCHEFFLER, S. (2006): Stärkung der elterlichen Erziehungsverantwortung durch Angebote der Elternbildung. In: SchulVerwaltung spezial, Nr. 2/2006, S. 28–30.
URBAN, U./HAUFE, K. (2007): Demokratiebaustein „Gender und demokratische Schule“. http://www.pedocs.de/volltexte/2008/292/pdf/gender_komplett.pdf.
WAHL, D. (2001): Nachhaltige Wege vom Wissen zum Handeln. In: Beiträge zur Lehrerbildung, 19 (2), 2001, Seiten 157–174.
WATZLAWICK, P. (^{40}1995): Anleitung zum Unglücklichsein. München: Piper.
WIGNANEK, G. (o. J.): Erziehungsverträge. http://bildungsserver.berlin-brandenburg.de/fileadmin/bbs/schule/mitwirkung/lsb/Erziehungsverträge.pdf.

Register

Die Schule zukunftsfähig machen

Praxis-Ratgeber Schule	ISBN 978-3-589-
Erfolgreich durch das Referendariat	22934-5
Effektives Selbstmanagement	22937-6
Schüler gerecht bewerten	22820-1
Differenzieren im Unterricht	22885-0
Störungsfreier Unterricht	22823-2
Gruppen- und Partnerarbeit	22935-2
Üben im Unterricht	22822-5
Individuelles Fördern	22821-8

Informieren Sie sich unter der Nummer 0180 12 120 20 (3,9 ct/min. aus dem Festnetz der Dt. Telekom) oder in unserem Onlineshop: www.cornelsen-shop.de

Cornelsen
SCRIPTOR